SHODENSHA SHINSHO

性格スキル

人生を決める5つの能力

鶴 光太郎

祥伝社新書

はじめに

「人生１００年時代」という言葉がちょっとしたブームを呼んでいる。震源地は、リンダ・グラットン他著『ライフシフト――１００年時代の人生戦略』（東洋経済新報社、２０１６年）だ。安倍政権もグラットン氏をメンバーに入れた、「人生１００年時代構想会議」を立ち上げ、政権の新たなキーワードである「人づくり革命」について検討を行っている。

人生１００年時代においては、高齢者でも健康な人々が増え、就業も70歳はおろか80歳まで見据えることができるようになる。昨今の技術革新のスピードの速さを考えれば、大学までに学んだ知識などはとうに陳腐化してしまう。いくつになっても年齢に関係なく、学び続けることが重要だし、機会をみつけ、本格的な学び直しを行うことが必要になってくる。リカレント教育（生涯にわたって教育と就労を交互に行う教育システム）のあり方が政府でも検討されるゆえんである。

しかし、我々は何を学び直す必要があるのか。それは、学校の教室で先生から一方的に伝えられる新たな知識であろうか。単に知識の蓄積とその引き出しだけで行う仕事であれば、高度な仕事にみえても将来はＡＩ（人工知能）に代替されてしまうであろう。それでは、ＡＩに代替されないような普遍的な能力やスキルを身につけていくためには、何が必要か。

そのカギとなるのが本書のテーマである、「性格スキル」である。性格スキルという言葉を聞いて、皆さんはどういう印象を持たれたであろうか。「性格というのは生まれつきのものでしょ？　スキルというぐらいだから人生に役に立つの？」。

性格はもちろん、生まれつき受け継いだものもあるが、性格スキルは変えることができる。それも大人になってからも、そして年をとってからも。

職業人生のパフォーマンスを決める要因としては、高度で複雑な仕事であれば、確かに「頭の良さ」（認知スキル）がより重要になる。しかし、職業にかかわらず重要な決め手になるのは、むしろ性格の力ともいうべき性格スキルであることが、最近の様々な研究で明らかになってきている。つまり、人生１００年時代、性格をスキルに見立てて、大人になっても伸ばしていくことができれば、どんな道に進もうとも人生が開けていくのだ。

本書で性格スキルと呼んでいるものは、心理学、経済学で非認知能力（non-cognitive ability）と呼ばれてきたものだ。これは心理学の世界では5つの因子（ビッグ・ファイブ）に分解できることがコンセンサスとなっている。それらが組み合わさって性格が形成されていると考えるわけだ。

第2章で詳しく述べるが、ビッグ・ファイブとは「開放性」、「真面目さ」、「外向性」、「協調性」、「精神的安定性」の5つである。中でも、やり抜く力を含む「真面目さ」が、人生に大きな影響を与えることがわかっている。この「真面目さ」をどう養っていくかが本書の主題の1つでもある。

以下、本書の構成を紹介しよう。第1章では、性格スキルの重要性を就活などの例から紐解きながら、性格スキルが重要な役割を果たす具体例を紹介する。

第2章では、性格スキルを前述のビッグ・ファイブという5つの因子に分け、職業人生、寿命・健康、犯罪、学歴・成績・学力テストの分野に分けて、どのような因子がそれぞれの人生の分野に影響を与えるかをみていく。そして、人生に重要な性格スキルは大人になっても伸びることを確認する。性格スキルの具体的な内容を真っ先に知りたい読者は第2章から読み始めても良いであろう。

第3章では、性格スキルを伸ばすために必要な家庭環境、学校の教室での取り組み、課外活動(特に運動系)の役割を検討する。そして、第4章では就業期以降、職場や就業支援で性格スキルを鍛えるためにどのような取り組みが有効か、日本的な雇用システムの枠組みの下でのインプリケーション(含意、結果として生じる意味)も含めて考える。

最後に、第5章では、筆者の勤務する大学での少人数授業(ゼミ)における性格スキル向上の取り組みを紹介したい。それでは、性格スキルを知る旅へ向けて、ボン・ヴォヤージュ!

目　次

目　次

第3章　性格スキルを伸ばす家庭環境と教育……95

目次

図版　篠　宏行

第1章

性格スキルは学歴や職業人生を左右する

第1節「性格スキル」とは何か？

人間の能力とはなんであろうか？　ここでは、まず、「様々な行動を遂行するために必要な力」ととりあえず考えてみよう。大雑把に考えれば、頭を使う能力＝学力、身体を使う能力＝運動能力に分けることができる。

また、それらはさらに親から譲り受けた能力、経験などを通じて身に着けた能力に分けることができる。例えば、将来、スポーツ選手になるためには特別秀でた運動能力が必要であろうが、普通のサラリーマンとして成功するなら学力が大事だろうし、そのためには勉強を頑張って有名大学へ行くことがやはり大切、というのが世間一般の見方であることには疑いの余地はないであろう。

しかしながら、学力や学校の成績だけでは必ずしも人生の成功は決まらないということも、異論のないところだ。これまでの身近な経験からもそうだと思っている人は多いと思われる。ここが人生の摩訶不思議といえる。実際、学歴がなくたって学校時代の成績が悪くたって成功している人はごまんといる。だからといって、学歴や成績に意味がないわけではない。それでは、学力・成績と人生の成功は一体どうつながっているのか？

認知能力と非認知能力

こうした問題を考えていく上で有益なのは、２０００年にノーベル経済学賞（正式にはスウェーデン銀行賞）を受賞した米シカゴ大学教授のジェームズ・ヘックマン氏らを中心とした非認知能力の役割を強調した研究である。[1] 認知能力（cognitive ability）が学力テストで測れる能力だとすれば、非認知能力（non-cognitive ability）とはテストなどで測れない能力で、個人的形質（個人的な性格の特徴）と関係している。

つまり、人生の成功は学力・成績に表わされる認知能力のみならず非認知能力が関わっていることが、前述の疑問を解くかぎとなるという考え方だ。

非認知能力＝性格スキルは伸ばせる

ヘックマン氏は前述の研究をさらに発展させ、最近では、認知能力と非認知能力を、それぞれ認知スキル（cognitive skill）、性格スキル（character skill）と呼び換えている。[2]

非認知能力を単に個人的形質と捉えてしまえば、それは遺伝的、先天的にほとんど決まってしまうものであり、その人の人生の中ではほぼ変わらないことになる。しかし、それをスキルの一種と捉えれば、むしろ人生の中で学び伸ばしていくことのできる、また、変化しうる存在と捉えることが可能になる。

考え方の違いと言えばそれまでであるが、現実へのインプリケーションは大きく異なる。スキルと考えれば、人生の中でそれを伸ばすことは可能だし、そのための方法を考える意味が出てくるからだ。本書では、こうした性格、個人的形質は一種の能力であり、誰にでも伸ばすことのできるスキルの一種と捉えるヘックマン氏らの考え方に沿ってその役割を考えていきたい。

以下、本書では、認知能力、非認知能力をそれぞれイメージしやすいように、認知スキル、性格スキルと呼び換えて、使うこととする。

それでは、今、なぜ、性格スキルに着目すべきなのか？　それは、性格スキルが職業人生の成功でかなり重要な役割をはたすことが様々な研究で明らかになってきているためである。そうであれば、性格スキルを伸ばし、鍛(きた)えることが大きな課題となるし、そのための方策を考えることが重要となる。

第2節　就活の成功は何で決まる？

大企業の採用——大学文系の場合

職業生活、人生全般においていかに性格スキルが重要かは第4節で詳しくみるとして、ここではまず、職業生活のまさに入口に位置する就活を考えてみよう。職業人生の決め手になるのは学歴、成績なのか。それがどの程度重要であるのか。そうした疑問に人生の中ではっきりした形で最初に直面するのが職業生活の入口である就活である。

ここでは、大学からの就活、主に、大企業を目指す大学文系学部出身者の就活に着目して考えてみたい。大学理系の場合ではその専攻分野（所属の研究室を含め）と就職先の関係はかなり密接だ。

一方、文系の場合、人文系、社会科学系との差はあるものの、大学の時の細かい分野と就職先が関係することは稀である。したがって、何が就活のパフォーマンスを決めるのかを考える際には、多様な要因が影響しうるということで分析対象としてより適切であるといえよう。

そこで単純化のそしりは免れないものの、敢えて大学文系に対する大企業の採用の考え方を大胆に提示すれば、以下のようになるのではないか。

・大学の成績が良いから就活に決定的に有利になったり、評価されるわけではない（大学間の比較が難しい）。
・一方、学力を重視していないかといえば、大学入試偏差値で序列がつけられた大学問格差は歴然と存在する。

・しかし、いわゆる超有名大学だけから採用されるわけではなく、その他の大学にも枠は存在（枠の大きさはもちろん異なる）。
・同じ大学の中の競争であれば、人物が重視される。
・同じ大学、人物も同程度であれば、成績も当然重視される。

あいまいな〝人物〟の評価

前述のような採用を仮に考えれば、成績・卒業大学のみで就活が決定されるわけではなく、成績が悪くても有名大学でなくても一定のチャンスはある。しかし、そうした条件が同じ場合、決定的な要因になるのが人物ということになる。

したがって、就活をする大学生の場合、ライバルはあくまで同じ大学または同レベルの偏差値の大学の学生であり、そこで勝ち抜くカギは人物であるといっても過言ではない。

しかし、人物といっても、具体的にどのような観点をどの程度評価されているのかが、かなりあいまいであることも事実だ。例えば、社会人力、コミュニケーション力ということがしばしば指摘されるが、それが具体的に何を示しているのかが必ずしも明らかでない。また、企業側もどのような人物を求めているのかについて、そのイメージを明確かつ具体的に示すことは残念ながらあまりない。

採用される側は何が採用基準になるのか厳密に理解していない中で、就職活動を続けることになる。このため、就活が失敗した場合、どの問題で正解できなかったか自己採点できる大学受験の失敗と異なり、なぜだめだったのかという失敗の理由を本人は理解することができない。それだけに、就活生にとって悩みは深いといえる。

また、成績ではなく人物で選ばれないことは、就活生からすれば自分の人間性を否定されたと考えて落ち込むのも無理はない。なぜだめであったかがわからないまま就活を続けることは、精神的に相当苦しいといえる。

〈コラム1〉「逃げ恥」にみる就活

２０１６年秋に放映された『逃げるは恥だが役に立つ』という題名のＴＶドラマ（ＴＢＳテレビ）は、主人公の一人の星野源が歌う主題歌「恋」とエンディングで歌に合わせて出演者が踊る「恋ダンス」を含め、ブームを巻き起こした。

ドラマは、星野源扮する「平匡さん」と新垣結衣扮する「みくりさん」の主人公二人の「契約結婚」を軸に、働き方、結婚、共働きでの家事分担などへの問題提起を織り交ぜた社会派ラブコメディとでもいうべきものだ。筆者も大変興味深く視聴し、「逃げ恥ファン」になった口である。

二人が契約結婚に踏み切るきっかけは、大学も大学院の就活でも全敗で、派遣社員になっても派遣切りに遭ってしまい、トラウマを抱えていた「みくりさん」が、たまたま家事代行サービスをした「平匡さん」から、自分が「気づかれない努力」と思ってやった仕事を含め評価してもらったことだ。初めて選んでもらえた嬉しさのあまり舞い上がってしまい、家事をすることで給料の発生する契約結婚を思わず提案してしまったのであった。彼女は自分の突飛さに反省しながら以下のようにつぶやく。

「誰かに選んで欲しい。ここにいていいんだって認めて欲しい。それは贅沢なんだろうか？　みんな誰かに必要とされたくて、でもうまくいかなくて。いろんな気持ちをちょっとずつ諦めて、泣きたい気持ちを笑い飛ばして。そうやって、生きているのかもしれない」

就活、結婚という人生の重大なイベントは、要は誰かに選んでもらうことなしには達成しえないという意味では共通している。その根源には自分の本質、これまでの生きざまを相手が気づいてくれて、認めてくれる、必要としてくれるということがなければならない。それがなければ、就職しても結婚しても決してうまくはいかないであろう。

このドラマは就活失敗のトラウマの大きさを肌身で感じさせてくれると同時に、

就職や結婚の根底にあるものは何か、言い換えれば、それらを「因数分解」すれば根源的要素は何なのかを我々に語りかけてくれているのだ。

認知スキルと性格スキルのバランス

こうした就活生の「もやもや」であるが、実は企業は、試験の成績で計ることのできる認知スキルと計ることのできない性格スキルを、職業生活、人生にとっていずれも重要な要素と捉えているのではないか。そして、就活生に対してバランスよく評価していると考えれば、これまでの「もやもや」が〝目から鱗〟のように氷解すると思われる。

つまり、成績・学歴、人物いずれも重要であるし、人物というあいまいな評価基準も性格スキルという具体的な概念で捉え直すことができるからだ。

認知スキルと性格スキルの相対的な重要度は、大卒理系、文系で大きく異なるであろう。

前述の通り理系の場合は、それぞれの専攻分野で学ぶことはかなり異なり、就活もどの分野をどれだけ学んだかということが重要になる。所属の学科、所属の研究室で代表されるようなさらなる専攻の細分化と就職先、採用区分はかなり密接に関係している。

また、理系ではこのように専門分野で学ぶことが細分化されているだけに、学部卒よりもより深く学んだことが明らかな院卒の方が、より評価される。

一方、文系は大学で何をどれだけ学んだか、つまり、得られた知識などよりも、そもそもの頭の良さ、賢さ、いわゆる「地頭」の良さを評価されると考えられる。それはおおまかには、大学受験の偏差値でランク付けされた大学の序列に基本的に反映されているであろう。

また、文系の場合は、性格スキルを重視する割合も高いと思われる。文系の場合、理系と異なりどのような専門分野の知識があるかが採用では基本的に問われない。それゆえに、当該分野をさらに深く研究する院卒が必ずしも正当な評価を受けていない場合も多いようだ。大卒文系の場合、就活に失敗、希望の企業に採用されなかった場合、前述のように「もやもや」感も高く納得感が低いのは、結果として性格スキルを重視する傾向が強いからといえる。

なぜ有名大学の体育会が就活に強いのか

それでは、文系の場合、就活で有利なのはどのような学生であろうか。

例えば、最強と言われるカテゴリーの1つとして、難関大学の体育会の学生が挙げられる。なぜであろうか。まず、超難関大学であればそこに入学する学力があるということだけで「地頭」という意味での認知スキルが高いことはお墨付きになる。

一方、性格スキルについては、明確な基準があるわけではなく、面接で判断することになる。面接を行えば短時間でも人物、人柄、これまでの生きざまというものは予想以上に伝わってくるとはいえ、勉強以外の経験から性格スキルを判断するとなると、アルバイトや課外活動の経験を聞いて判断していくしかない。その中で、サークル活動については千差万別であるが、体育会は練習、負荷が相当厳しいため、忍耐力、やり抜く力、協調性、規律などがしっかり養われていると判断されるのであろう。

ジャーナリストの溝上憲文（みぞうえのりふみ）氏は、人事部が求める新卒のポテンシャルについて、①協調性、②チームワーク力、③論理的思考、④コミュニケーション力、⑤チャレンジ精神、⑥リーダーシップ、の6つに整理できると論じている。[3]

その上で、体育会系出身者は組織の一員としての協調性や組織への適応力、勝つことに対するこだわりや粘り強さもあるため、前述の6つの要件では、①協調性、②チームワーク力、⑤チャレンジ精神、が当てはまり、企業にとって魅力になると述べている。また、上下関係や組織の規律に忠実な人材という面でも評価され、上の命令は絶対であるという世界を生き抜いてきた学生は、不条理だらけの社会への耐性を備えていることも指摘している。

さらに、溝上氏は、好印象の競技・部活について大手企業の採用者に聞いたアンケート調査を引用し、トップから、ラグビー部、野球部、アメフト部の順になっていると述べている。そして、ラグビーをやっていた学生の魅力について、「元気と馬力があるのは当然ですが、チーム全体のことを考えて行動する訓練ができている。ポジションごとに一人ひとりの役割が明確ですし、自分がチームに貢献するための技能を磨く資質も備わっている」とのある人事課長の言葉も紹介している。

特に、部長やマネージャーといった管理の仕事を経験していればリーダーシップも備わっているので申し分ないということになる。部長のように組織のトップの経験が重視されるのはわかりやすいが、面白いのはマネージャーへの評価である。

マネージャーの仕事は実に多様である。組織の運営全般にかかわることはもちろんのこと、対外的な調整業務も多い。雑用も山のようにある。求められる仕事遂行能力は幹部を目指す大企業のサラリーマンと瓜二つ（うりふた）といっても過言ではない。だからこそ、大卒文系では稀（まれ）ではあるが即戦力として期待されるのであろう。

こうした学生は体育会活動に大学生活のかなりのエネルギーを注入しているため、得てして大学での成績はそれほど良くない場合もあるが、就活に強いのはこうした背景があるのだ。このように職業人生の入口である就活においても、性格スキルが重要なカギを握っている。

ここで古い話になってしまうが、大学の体育会野球部のマネージャーの経験者として、政治家で経済財政担当大臣、財務大臣を歴任し、筆者も一緒にお仕事させていただいただき親交もあった故・与謝野馨氏の例を紹介したい。与謝野氏は東京大学在学中、野球部のマネージャーを務めた。当時を以下のように回想している。[4]

「東大に入学して二年目。友達に誘われてマネジャーとして野球部に入部した。部員寮のおばさんのストライキ処理から六大学リーグの運営処理まで。練習時にはノック役もやれば、審判にもなる。マネジャーというと裏方稼業のようだが自分では経営者になっていたような感覚に近かった。」（マネジャー・原文ママ）

マネージャーは、組織運営において他のメンバーがやらない仕事が全部回ってくるという意味で、常に組織全体のことを考えなければならない経営者と似ているということなのであろう。

前述の溝口氏も、体育会でも中心選手だけでなく、周辺の人材にも目を向けている例として、以下のようにある採用担当部長の弁を引用している。「大学内外で人と人を結びつける役割を担ってきた人に注目しています。〈中略〉運営委員などの裏方の経験がある人は、リーダーシップやコミュニケーション能力にたけているという印象があります。〈中略〉裏方の仕事を、身を粉にしてする部員は更に魅力を感じます。」

雑務をこなす主務＝マネージャー、運営委員の仕事がリーダーシップを養成するということであれば、与謝野氏の指摘する通り、裏方というよりも経営者に近いという感覚にピタリと符合しているように思われる。

第3節　性格はスキルのように伸ばせるか？

ここまでの話では性格スキルは確かに重要そうだということがわかった。しかし、性格というのは本当に簡単に変えることができるものだろうか、と思う読者は多いであろう。スキルとして捉えたとしても、それを簡単に向上させることができるかどうかは別の話である。

10代以降でも伸ばせる性格スキル

前述した性格スキルの提唱者であるヘックマン氏らは、認知スキル、性格スキルの形成時期について検討している。

彼らの研究によれば、親が教育費をどれだけかけたかによる認知スキルの変化は、6〜7歳から8〜9歳の変化が他の年齢間の変化（8〜9歳から10〜11歳、10〜11歳から12〜13歳）に比べて大きいが、性格スキルの獲得は8〜9歳から10〜11歳が最も大きいことを示した。[5] 認知スキルは10歳までにかなり開発されるが、性格スキルは10代以降でも鍛えられるとしている。これらの結果は、認知スキルに比べて、性格スキルはより遅いタイミングで獲得可能であることを示唆（しさ）している。

ヘックマン氏らは、すべてのスキルを形成する上で幼年期が重要だという確固たるエビデンス、科学的証拠はあるものの、**性格スキルは認知スキルに比べ後年でも伸びしろがある**ので、青年時の矯正（きょうせい）は性格スキルに集中すべきだと最近の研究では強調している。

実は、ヘックマン氏はこれまで性格スキルも含め幼年期におけるスキル形成の重要性を唱え、そこに大きな軸足を置いてきた。このため、幼年期の教育の重要性が指摘され、貧困が幼児教育に悪影響を与えるため、政府の支援の必要性も議論されてきた。

しかし、逆に幼児期を逃すともう手遅れという視点が強調されればされるほど、小学校から大学・大学院へ続く教育の意義も弱くなってしまう。むしろ、青年期こそまだ伸びしろのある性格スキルを高めていくべきとの議論は、筆者のように大学で教育に携わる人間や企業社会で若者を指導する立場の方々にとっても大変勇気づけられる議論といえる。

性格スキルと認知スキルの関係

性格スキルと認知スキルの関係については、ヘックマン氏らは、性格スキルが高ければ認知スキルは伸びやすいが、その逆は必ずしも明らかではないことを強調している。[6]いずれにしても、性格スキルと認知スキルとは、補完的に機能しているといえる。性格スキルはそれ自体重要であることはいうまでもないが、ペーパーテストで測れる成績、すなわち、認知スキルを伸ばすことにもつながるのだ。性格スキルの重要性を更に裏付けるエビデンスといえよう。

第4節　学歴や職業人生は性格スキルで決まるって本当？

それでは、性格スキルは以後の人生にどのような影響を与えているのであろうか？具体的な研究、エビデンスをみてみよう。

性格スキルを伸ばす幼児教育――「ペリー就学前計画」の成果

ヘックマン氏らは、米国で家庭環境に問題のある就学前の幼児に対する支援プログラムに着目し、認知スキルよりも性格スキルを向上させることで、彼らのその後の人生に大きなプラスの影響を与えることを強調した。[7]

具体的な一例は、1960年代にアメリカで行われた「ペリー就学前計画」の実験である。この実験では、経済的に恵まれない３歳から４歳のアフリカ系アメリカ人（１２３名、最初のＩＱスコアは、全員が75から85）の子どもたちを対象に、午前中は学校で教育を施し、午後は先生が家庭訪問をして指導、２年間ほど継続された。

そして、就学前教育の終了後、この実験の被験者となった子どもたちと、就学前教育を受けなかった同じような経済的境遇にある子どもたちとの間では、その後の経済状況や生活の質にどのような違いが起きるのかについて、約40年間にわたって追跡調査が行われた。

実験結果をみると、両者のグループには有意な差がみられた。40歳になった時点で比較すると、介入実験を受けた子どもたちはそうでない子どもたちに比べ、高校卒業率や持ち家率、平均所得が高く、また婚外子を持つ比率や生活保護受給率、逮捕者率が低いという結果が得られた。

また、この実験では就学前教育が認知スキルと性格スキルといった異なるスキル・能力に対して、異なる影響を与えたことが明らかになった。就学前教育の効果は、知能指数で測れる認知スキルに対しては小さかったが、性格スキルを高めることに貢献していることが明らかにされた。

ペリー就学前計画によってなぜ性格スキルが向上したのか。因果関係を特定化することは難しいが、筆者が想像するに、午前約2時間半、週5日、2年間にわたって読み書きなどのレッスンを続けてきたことが規律や我慢強さを生んだと思われる。

先生は児童心理学等の修士号以上の学位を持つ専門家に限定され、少人数制の教育を行ったため、児童一人ひとりの性格をきめ細かく把握することができたのではないだろうか。さらに、毎週、1・5時間ほど家庭訪問を行い親に対しても子供の教育に対しアドバイスを行ったことも、家庭環境を変える効果があったと考えられる。

ペリー就学前計画と同様の就学前介入の一例として、シカゴ親子センターの大規模な介入プログラムが挙げられる。これはシカゴの中心に住む、経済的に恵まれない3、4歳の子ども（ほとんどが黒人）に対し、半日、もしくは1日、読み書き算数を教えるというプログラムで、親はセンターに行き、親としてのアドバイスを受けることが義務付けられた。

25年後の28歳時点で、介入を受けたグループと比較可能なグループを比較すると、やはり介入を受けたグループの方が高校卒業率、年間平均所得、健康保険のカバー率は高く、逮捕率などは低いという結果が得られている。[8]

性格スキルで劣るアメリカの高校卒業資格取得者

さらに、ヘックマン氏らはアメリカのGED（General Educational Program、一般教育修了検定）とよばれる高校中退者の高校卒業資格制度（日本の高等学校卒業程度認定試験、旧大検）の効果を分析している。[9]

まず、GED取得者の特徴を明らかにするため、大学に行っていない者に限定し、その中で、GED取得者、高校中退者、高卒者を比較した。単純にそれぞれのグループを比較すると、例えば、GED取得者の賃金は年収、時間当たり共に高校中退者よりも高いが高卒者よりも低くなっている。

しかし、GED取得者が高校中退者よりも賃金が高いことはGED取得自体の効果を示していると考えるのは早計である。なぜなら、前述のような差はそれぞれのグループの親や家庭環境やGEDを取得する前の本人の能力等を反映しているかもしれないからだ。実際、GED取得者は通常の高校中退者よりも高校在籍期間は長くなっているし、裕福さを含めて家庭・居住環境はやはり、高校中退者のグループよりは恵まれている一方、高校卒業者よりは劣っていることがわかっている。

本人の認知スキルの違いによる影響を取り除いた上で比較すると、賃金は年収、時間当たり共にGED取得者は高校中退者のそれよりも決して高くはないという。これはどのように解釈すれば良いであろうか。

実際、GED取得者は平均して高校中退者よりもAFQT(Armed Forces Qualification Test、軍資格試験)のスコアでみた認知スキルは高くなっている。つまり、彼らの賃金が高校中退者よりも高かったのは、認知スキルでかさ上げされていたためで、その影響を除くと必ずしも高校中退者よりも高くはないのだ。

ヘックマン氏らは、その要因について、GEDを取得したとしても、高校を中退した者は、学校の授業に無断欠席するなどの問題行動がみられる傾向があり、GEDにより高校卒業と同等の学力があるとみなされても、規律や我慢強さ、動機といった点が欠けており、それが賃金にも影響していることを強調した。

実際、ヘックマン氏らは３つのグループについて、高校へ入る前の認知スキルを比べてみると、ＧＥＤ取得者は高校中退者よりも認知スキルは高くなっており、分布を比較しても高卒者とほぼ同じとなっている。つまり、高校へ入る前の頭の良さは高校を卒業できた者と変わらないことを示した。

一方、性格スキルの分布を同様に比べてみるとＧＥＤ取得者と高校中退者はほぼ同じであるが、高卒者はＧＥＤ取得者や高校中退者よりも平均的に高い性格スキルを持っていることがわかった。

以上をまとめると、賃金水準の高さが、高卒者、高校中退であるがＧＥＤ取得者、通常の高校中退者の順になっているのは、大まかにいえば、高卒者に比べてＧＥＤ取得者の場合は性格スキルが、高校中退者の場合は性格スキルに加えて認知スキルも劣っているためと解釈できる。

ＧＥＤ取得者は一般の高卒者に比べて仕事を辞める確率や離婚率も高い。軍隊もこうした違いを認識して兵士の採用を行っている。ＧＥＤ取得者は一般の高校卒業者よりも除隊率がはるかに高いからだ。また、ＧＥＤの取得には人種の集中がみられるが、これは黒人男性が服役中にGEDを取得するためである。しかし出所後、彼らはGEDを取得していない前科者と同程度の収入しか得られないし、GEDの取得で再犯罪率が低下するわけでもない。GED取得者の分析もやはり性格スキルの重要性を明らかにしているといえる。

これはかなり衝撃的な結果である。そこでのインプリケーションは恵まれない環境に育ったり、行動に問題のある若者に対しては、学力や知識といった認知スキルを向上させることよりも、前述のようにその根源にある性格スキルを伸ばしてあげることを考えなくてはならないということだ。**性格スキルに目を向けない限り、根本的な解決は決して生まれない**ことを肝に銘じるべきであろう。

性格スキルが職業人生に与える影響

認知スキル、性格スキルを直接計測して職業人生への影響をみた分析としては、スウェーデンのストックホルム経済大学のエリック・リンキスト氏らの分析が挙げられる。[10]彼らは心理学者がスウェーデン軍の兵士に入隊時に面接して把握したデータを用いて、認知、性格スキルの除隊後の職業人生への影響を分析した。

性格スキルは通常、本人の自己申告で調査される場合が普通であり、必ずしも正確に申告されないため誤差が発生するという問題がある。このため、面接で一人一人の性格スキルを把握するというのは珍しい研究例といえるので、ここでは彼らの論文に基づき少し詳しくみてみよう。

スウェーデンでは徴兵制度があり、18、19歳を迎えると徴兵されることになる。徴兵検査は、身体検査、体力検査、独自の認知スキルのテスト、性格スキルをみる心理学者によるインタビューからなり、2日間かけて実施される。健康に問題がない限りはほとんどが徴兵され、認知スキルや性格スキルをわざと低くして徴兵を逃れることはできず、それらの結果に応じて様々な兵役に従事することになる。

性格スキルを評価するインタビューについては、資格を持った心理学者が一人25分かけて行う。インタビューを担当する心理学者は認知スキル、持久力、筋力の試験の結果、学校の成績、友人、家族、趣味などに関する70～80程度の質問への回答を事前に把握しており、マニュアルに沿って決められたトピックについてのやりとりを行うことが定められている。しかし、特定の質問があらかじめ用意されているわけではない。

こうしたインタビューの目的は、兵役を全うするために必要な心理学的要件を評価することである。その結果は最終的に数値化される。それでは、インタビューで高く評価される性格スキルはどのようなものであろうか。

政府の兵役を担当する部局は、自ら進んで責任を負うという態度、他人に依存しない独立心、社交的な性格、粘り強さ、精神的安定性、イニシアティブを取る力を挙げている。また、兵役では個人の自由がなくなるため、そうした生活面での特殊な環境・要請に適応できるかが重要となってくる。面白いのは、兵役に対する高いモチベーション・やる気があることは、兵役に必要な資質として有益とはみなされていないことだ。

また、こうしたインタビューに携わった心理学者は社会的なスキルも重要と強調する。彼らの弁によれば、戦場でのストレスに対処できる兵士の能力に影響を与える唯一の最も重要な要因は、集団的な団結・一体性である。兵士が不安を乗り越えて戦い続けるのは相手に対する強い敵愾心ではなく、仲間を失いたくないという気持ちがあるからだ。したがって、集団で行動したり、集団的一体性をはぐくむ能力に欠けている者は戦闘には不向きであるというのだ。

インタビューでは兵役に有益な資質を評価する一方、兵役には適さない人物を選ぶということも重要だ。例えば、非民主的な考え方をする者、軍への偏執狂などである。また、サイコパスといった反社会的な人格障害を持つ者である。サイコパスは、質問票では採用されやすくするため回答を偽るので、インタビューを行うことが必要となるのである。

本研究の主題は、入隊時に測定された認知スキルや性格スキルが、除隊後の職業生活におけるパフォーマンスにどのような影響を与えるかである。分析で明らかになったことは、認知スキル、性格スキル双方とも将来の賃金にプラスに影響を与えることだ。

性格スキルについては、特に、低賃金労働者の賃金に大きな影響を与えることが見出(いだ)された。賃金分布の下位10％に位置する労働者の場合、**性格スキルの賃金への影響は認知スキルの賃金への影響のなんと2・5～4倍に及ぶ**ことがわかった。一方、賃金水準が真ん中（中位）よりも上の者については、認知スキルへの影響の方が大きくなっている。

このような結果になるのはなぜであろうか。リンキスト氏らは、認知スキルと性格スキルと失業の関係を調べて、性格スキルが低い者の方が認知スキルの低い者よりも失業しやすいためとしている。また、失業した場合でも性格スキルの高い者の方が失業期間は短いことがわかったが、認知スキルと失業期間の明確な関係は見出されなかった。

実際、賃金への影響の大きさをみると、認知スキルの方が性格スキルよりも平均すればやや大きいという結果になっている。つまり、同じだけ伸ばすのであれば認知スキルを伸ばした方が賃金への影響が大きいということだ。

しかし、その影響の大きさはそれぞれのスキルのレベルによって異なる。性格スキルの場合はその水準にかかわらず賃金への影響の大きさ（スキルを伸ばした場合の賃金が伸びる程度）は変わらないが、認知スキルの場合、その水準が低い場合は影響の度合いも小さいが、その水準が高くなるにつれて賃金が高まる効果は大きくなることがわかった。

つまり、認知スキルの低い者の場合、認知スキルを伸ばしても賃金への影響は小さいが、認知スキルの高い者はさらに認知スキルを伸ばすことによる賃金上昇は、より高くなるということだ。

実際、熟練労働者と未熟練労働者を比べてみると、未熟練労働者については、性格スキルの賃金への影響が認知スキルの賃金への影響よりも大きいが、熟練労働者（管理職を除く）の場合は逆で、認知スキルの賃金への影響が性格スキルへの影響よりも高くなっている。

面白いのは管理職のケースである。この場合、未熟練労働者と同じように、性格スキルの賃金への影響が認知スキルの賃金への影響よりも大きくなっている。管理職になるための性格スキルの重要性を物語る好例といえる。リンキスト氏らは以上の研究結果を踏(ふ)まえて、「ある程度の性格スキルを保持することは職業人生における失敗を避けるための必須条件であるが、成功するためには認知スキルが同じくらい重要である」と述べている。

責任、真面目さ、自己管理――性格スキルを重要視する企業

職業人生における性格スキルの重要性を考える場合、従業員を雇い入れる企業の視点も有益な検討対象といえる。実際、従業員の性格スキルは認知スキルよりも重要、と企業が認識していることがいくつかの調査でも明らかになっている。[11]

例えば、アメリカの４つの大都市の３２００の企業を対象にした調査[12]では、「読み、書き、数学」といった基本的なスキルと同様かそれ以上に、「責任、真面目さ、自己管理」といった性格スキルが重要であると報告されている。

こうした性格スキルは、労働市場のエントリーレベルに位置する労働者や時給労働者にとってより重要となってくる。アメリカの全国レベルでのある調査[13]では、時給労働者の応募を断った企業にその理由を尋ねると、その69％が毎日出勤する、遅刻しない、仕事への強い倫理感を持つといった雇用できるための基本的なスキルが欠けてい

たからと報告している。この数字は、読み書きの能力が欠けていることを理由に採用しなかった割合の2倍以上であった。

さらに、２００７年のワシントン州の調査[14]では、企業は、読み書きの適切な能力を持つ応募者よりも、上司の指導の前向きな受け入れ、仕事に対する積極的取り組み、職務遂行、問題解決、チームワーク、コミュニケーション、適応性に関するスキルを持った応募者を探す方が難しいと答えている。

また、イギリスにおいても、同様の調査が行われている。１９９８年に行われた４４００企業を対象とする調査[15]では、16～24歳で最も欠けているスキルとして、仕事を行う上での技術的・実践的なスキル、一般的なコミュニケーション・スキル、顧客応対スキル、チームワーク・スキルが挙げられた。数学、読み書きのスキルの優先順位は最後尾に近く、最も欠けているスキルとは思われていないことがわかる。

別の２００2年の４０００企業を対象としたイギリスの調査[16]では、23％の企業が自社の従業員のかなりの部分が職務を遂行するためのスキルが完全ではないと答えた。そしてその中でも、コミュニケーション、チームワーク、他の技術的・実践的スキル、顧客応対、問題解決に関するスキルが十分でない、が筆頭に挙がったが、数学・読み書きに関するスキルの優先順位はやはり低かった。

雇い入れる側においても、性格スキルを認知スキル以上に大変重要視していることがわかる。性格スキルが身に着いていれば、職場で良好な人間関係を保ちながら真面目に努力して、その他に必要なスキルも自然と身に着けていくことが可能と考えているからであろう。

このように性格スキルは幅広い学歴・職業で共通して重要であり、その欠如が職業人生の失敗に強く結びついている。裏を返せば、**性格スキルを高めることでどのような道に進むといえども、職業人生が開いていく**可能性があるといえる。

〈第１章・注〉

＊１　サーベイとしては、Almlund, Duckworth, Heckman and Kautz（2011）、Heckman and Kauts（2013）を参照。

＊２　Heckman and Kauts（2013）

＊３　溝上憲文（2017）「人事部好む体育会学生の〝クソ〟と〝買い〟」、PRESIDENT Online（2017.8.11）

＊４　日本経済新聞夕刊２０１６年４月19日「こころの玉手箱」第３回「東大球場の青春」

＊５　Cunha and Heckman（2008）

＊６　Cunha and Heckman（2008）

＊７　Heckman（2006）

＊８　Heckman and Kauts（2013）を参照した。

＊９　Heckman, Humphries and Mader（2011）、Heckman and Rubinstein（2001）を参照した。

＊10　Lindqvist and Vestman（2011）

*11 以下の記述はHeckman and Kauts (2013) を参照した。

*12 Holzer (1997)

*13 Barton (2006)

*14 Washington Workforce Training Board (2008)

*15 Westwood (2004)

*16 Hilage, Regan, Dickson and McLoughlin (2002)

第2章　ビッグ・ファイブが人生を決める

——5つの能力の影響

第1節　性格スキルを構成するビッグ・ファイブ

1章では、性格スキルの重要性は指摘してきたものの、性格スキルの具体例については、系統立ったものではなかった。第2章では、その具体的な内容や包括的な分類の仕方について考えてみよう。性格スキルはこれまで政策現場や経済学では盲点になっていたが、心理学者はこうしたスキルを長年研究してきた。

性格スキルを分類するに当たっては、これまで様々なアプローチが提案されてきた。この中で、最も広く受け入れられている分類は、**「ビッグ・ファイブ（Big Five）」**という分類体系である。ビッグ・ファイブとは、基本的な個人的形質の次元を5つに集約させたものである。

具体的には、①**「開放性（Openness）」**、②**「真面目さ（Conscientiousness）」**、③**「外向性（Extraversion）」**、④**「協調性（Agreeableness）」**、⑤**「精神的安定性（Emotional Stability）」**からなる。ビッグ・ファイブは性格的スキルをよりきめ細かく定義するた

めの「緯度」と「経度」のようなものともいわれている。

ビッグ・ファイブを理解する上で注意が必要なのは、5つの因子の訳語にあまり引っ張られることなくその意味を正確に理解することである。いずれにせよ1つ訳語を充てなければならないのでどれを選んだとしても過不足なく、ぴったりというわけにはいかない。本書ではいろいろな言葉で言い換えたり、それらを組み合わせることで読者の理解を促（うなが）すようなアプローチをとっている。以下では、5つの因子についてさらに詳しくみてみよう。

ビッグ・ファイブのそれぞれの特徴

まず、①「開放性」とは、新たな美的、文化的、知的な経験を受け入れるべく、心が開かれている性向をみたものである。開放性という言葉だけだとおおらかな性格をイメージする読者もいるかもしれないが、意味は大きく異なる。

「開放性」の一面を表わす表現としては、好奇心、想像力、審美眼、幅広い興味などがある。美しいもの、知的なものにどんどん触れてみたい、体験してみたい、探求してみたいという性向といえよう。あえて、一つその本質を体現する表現を取り上げるということであれば**好奇心**がこの因子を最も良く代表する言葉と筆者は捉えている。

②「真面目さ」については、日本語では、誠実性と訳される場合が多いが、この言葉は嘘をつかないという意味にとられやすく、本来のイメージからは離れるように思われる。むしろ、ここで示したように「真面目さ」という方がわかりやすい。

もちろん、「真面目さ」という言葉には、バカ真面目に象徴されるように頑固で融通が利(き)かないというイメージもあるが、そのような資質をイメージしているわけではないことに注意が必要だ。本章でも以下でこの因子の人生への影響を詳しく議論することもあり、正確な理解が求められる。

ビッグ・ファイブの一因子である「真面目さ」とは、計画的である、責任感がある、勤勉であるという性向をみたものだ。その一面を示す表現としては、自己規律（怠惰でない）忍耐・根性・粘り強さ、熟慮（衝動的でない）、達成努力などが挙げられる。ベストセラーになった、『やり抜く力　GRIT——人生のあらゆる成功を決める「究極の能力」を身につける』（アンジェラ・ダックワース著、ダイヤモンド社、20

〈図1〉性格スキルのビッグ・ファイブ

	定義	側面
開放性	新たな美的、文化的、知的な経験に開放的な傾向	好奇心、想像力、審美眼
真面目さ	計画性、責任感、勤勉性の傾向	自己規律、粘り強さ、熟慮
外向性	自分の関心や精力が外の人や物に向けられる傾向	積極性、社交性、明るさ
協調性	利己的ではなく協調的に行動できる傾向	思いやり、やさしさ
精神的安定性	感情的反応の予測性と整合性の傾向	不安、いらいら、衝動が少ない

（出所）Heckman and Kautz（2013）

16）のGRIT（やり抜く力）もこの一例である。

「真面目さ」は特に一語で表現するのは難しいので、いくつかのキーワードをまとめて使い、**「野心を持ち目標に向かって自分を律しながら、どんな困難があっても粘り強く責任感を持って努力していく資質」**と考えるのが最もわかりやすいであろう。

③「外向性」とは、自分の関心や精力が外の人や物に向けられる性向である。その一面を示す表現としては、積極的、社交的、活動的、精力的、冒険好きといった性向が挙げられる。明るいとか根暗（ねくら）というのもこの「外向性」を示す言葉である。引き

こもりや室内での一人遊びが好きなことも、「外向性」の反対の性向を示しているといえる。**社交性、積極性**が「外向性」を示すわかりやすい表現だ。

そして④「協調性」とは、利己的ではなく人と協調的に行動できる性向をみている。その一面を表わす表現としては、相手を信頼する寛大さ、利他主義、思いやり、やさしさ、従順さ（頑固でない）、慎み深さなどの性向が挙げられる。協調性というと相手の行動とうまく調整ができる、順応できるような能力をイメージしがちであるが、**「自分のことではなく相手のことを一番に考えたり、思いやる力」**と捉えるべきである。

最後に、⑤「精神的安定性」とは感情的反応を予測できたり、整合的に捉えることができるかに関わる性向である。その一面を表わす表現としては、不安・いらいら・衝動が少ない、鬱でない、自尊心が高いなどといった資質が挙げられる。

この因子の場合はあまりイメージに悩む必要はなく、**「精神的安定性」**という言葉がその概念を的確に表しているといえる。「精神的安定性」の反対の概念として「神経症傾向」がビッグ・ファイブの因子の1つとして導入される場合も多いが、本書では「精神的安定性」の方を採用して、以下、議論を進めたい。

第2節　ビッグ・ファイブでみた性格スキルの人生への影響

ビッグ・ファイブでみた性格スキルは、職業成果（仕事の成果、賃金など）、寿命、健康、犯罪などの幅広い人生のパフォーマンス、結果に影響を与えうることがこれまでの研究で明らかとなっている。

性格スキルと仕事の成果の関係

まず、仕事の成果（業績）についてみてみよう。それに対する影響としてはビッグ・ファイブの中でも、特に「真面目さ」との関係が強いことがわかっている。

〈図2〉は、仕事の成果（業績評価や生産性のデータによる評価）とビッグ・ファイブとの関係についてこれまで行われてきた多くの研究をまとめて評価した研究（メタ分析）である。[17]

〈**図2**〉における仕事の成果との相関係数とは、ビッグ・ファイブのそれぞれの因子と仕事の成果の関係の強さをみたものである。相関係数は、−1〜1までの値をとる。0に近いほど2つの変数の相関が弱いことを示している。また、1に近いほど、正の相関、つまり、ある変数が高くなればもう一方の変数も高くなる傾向が強いこと、−1に近いほど、負の相関、つまり、ある変数が高くなればもう一方の変数も低くなる傾向が強いことを示している。

具体的に、それぞれの因子と仕事の成果との平均的な相関係数をみると、「真面目さ」の0・22に対し、「外向性」は0・13、「精神的安定性」は0・08、「協調性」は0・07、「開放性」は0・04、となっており、関連の強さではビッグ・ファイブの中で「真面目さ」が一番高いことがわかる。

また、この研究は、「真面目さ」の重要性は仕事の種類や特徴にはあまり依存せず、広範な職業に影響を与えることも明らかにしている。実際、職種ごとに上記の「真面目さ」と仕事の成果との相関係数を求めているが、職種ごとの違いはほとんどみられ

〈図2〉仕事の成果を決める因子として最も重要なのは「真面目さ」

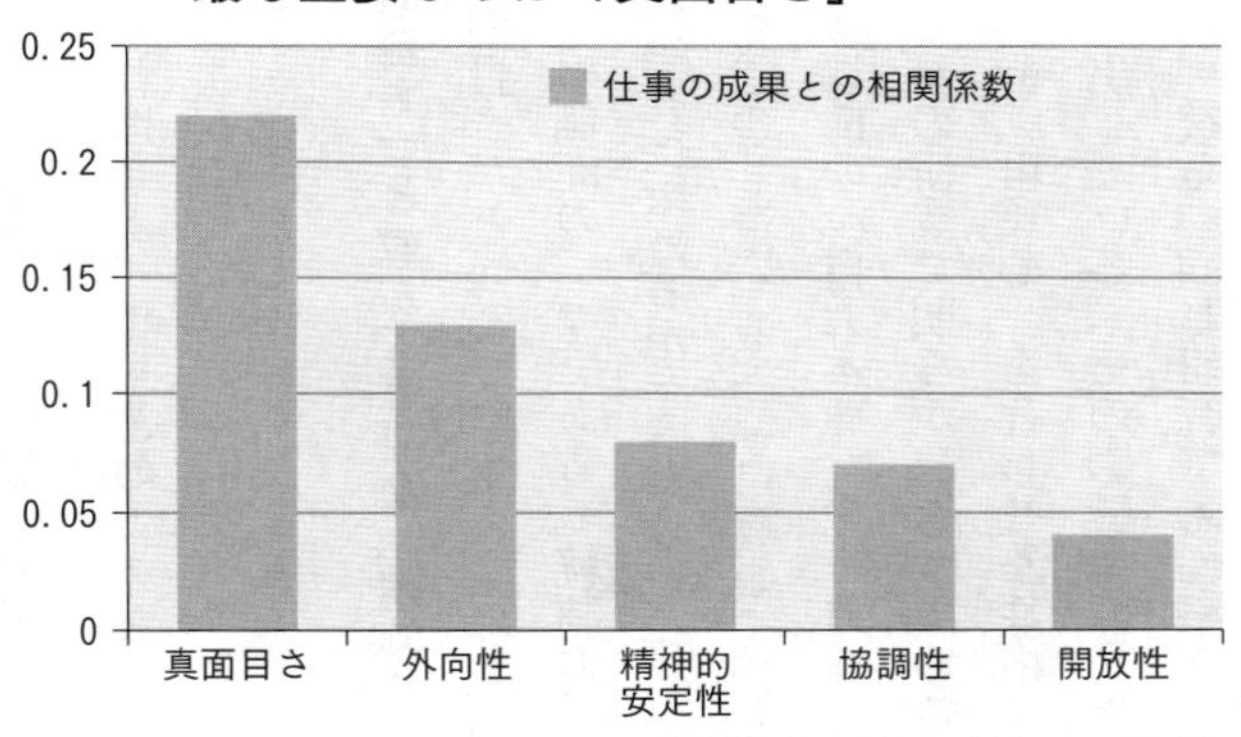

（出所）Barrick and Mount（1991）

ない。

一方、例えば、明るさ、社交性を示す「外向性」と仕事の成果との相関係数はプロフェッショナル（学者、医師、弁護士等）の場合、マイナスであるが、管理職、営業職では0・18、0・15と業種の中では最も高い数字となっている。やはり、人と相互的な接触、交流、協調がより求められる職種ほど「外向性」が重要になってくるのだ。

ちなみに、認知スキルの代表例であるIQの重要性は仕事が複雑になればなるほど増し、特に大学教授、科学者、上級管理職にとってより重要であることが知られている。[18]

いずれにせよ、将来どのような職を選ぼうとも、「真面目さ」という性格スキルを身に着けることがいかに重要かわかるであろう。

「真面目さ」と並んで重要な「精神的安定性」

「真面目さ」と並んで職業人生に強い影響を与える性格スキルとしては、「精神的安定性」の側面の一つである「統制の所在」(locus of control)、行動や評価を自己または他人のいずれに求めるかをみたもの、以下、「他力本願」の反対の意味ということで「自力本願」と呼ぶことにする)、「自尊心」(self-esteem) が挙げられる。

就業以前の「自力本願」や「自尊心」が強いほど、将来の賃金が高くなることが、いくつかの研究で明らかになっている。例えば、ヘックマン氏らも、青年時の「自力本願」と「自尊心」を合わせた性格スキルが高いほど、成人以降の賃金が高くなることを見出している。[19] その影響力の大きさは認知スキルとほぼ同じであった。

また、彼らの同じ研究でも性格スキルの広範な影響が明らかになっている。まず、性格スキルが賃金に及ぼす影響の大きさは、対象者の学歴の違いにはあまり関係がない。つまり、**どんな学歴の人でも性格スキルが高まれば賃金が高まる**という関係があるということだ。

一方、認知スキルの賃金の影響は学歴によって異なる。つまり、学歴によって認知スキルが賃金に影響する場合もあれば、影響しない場合もある。例えば、GED取得者、高校中退者、大学中退者に対しては、彼らの認知スキルの水準の違いはその後の賃金に影響をほとんど与えていない。

さらに、「自力本願」の強い人ほど失業しても再就職する確率は高いし[20]、職探しに費やす時間が長くなっていることを示す研究もある。[21]「自力本願」の強い人は、職探しの努力はきっと報われると考える傾向が強いためと考えられる。以上の結果は、第1章でみたスウェーデンの徴兵検査を利用したリンキスト氏らの分析結果と整合的である。

どのような職種を選択するかについても、性格スキルが関係してくる。例えば、「協調性」が低い人の方が、管理職やプロフェッショナルになる確率が高くなることを示した研究がある。[22] また、別の研究では、「外向性」の一側面である青年時における「社交性」が高いほど管理職や営業職、サービス職の賃金を高めるが、逆にプロフェッショナルの賃金を引き下げ、さらに多数を占める生産労働者や事務職には明確な影響はないことが示されている。[23]

日米で異なる性格スキルの影響

以上の結果は主にアメリカにおける研究に基づくものであるが、日本においても、ビッグ・ファイブの職業人生への影響に対する分析が行われるようになってきた。例えば、大阪大学の大竹文雄氏らが、大阪大学が実施した『くらしの好みと満足度についてのアンケート』の日本調査とアメリカ調査の2012年データを使用し、性格スキルとして測定されたビッグ・ファイブが学歴、所得、および昇進に与える影響を男女あるいは日米で検証した。[24]

日米で共通した結果としては、まず、年間所得については、男性は「真面目さ」と、女性は「外向性」や「精神的安定性」と正の相関関係（例えば、男性の場合は

「真面目さ」が高い人ほど年間所得も高いという関係）があり、昇進については男性のみで「外向性」と正の相関関係が観察されたことが挙げられる。

一方、日米で異なる関係がみられたのは、まず、性格スキルの学歴への影響である。日本では教育年数に対し「協調性」は正の相関関係が観察されるのに対し、アメリカでは教育年数は「協調性」と負（つまり、「協調性」が高い人ほど教育年数は短い）、「真面目さ」とは正の相関関係が観察された。

また、性格スキルの年間所得への影響については、日本の場合、男性では年間所得に対し「協調性」が正の相関関係であるのに対し、アメリカでは男性、女性とも負の相関関係となっている。アメリカにおいても、男性のみであるが、やはり、「協調性」と賃金が負の相関関係であることを見出している研究があり[25]、大竹氏らの結果と整合的となっている[26]。

「真面目さ」が就業してからのパフォーマンスに影響を与えることが、男性のみであるがアメリカのみならず日本でも確認されたといえる。また、「協調性」と教育年数や年間所得の関係が日米で異なることは、注目すべき結果である。日本では「協調性」が人生にプラスに働くが、アメリカではマイナスに働いている。学校や職場でも、集団主義が強い日本と個人主義が強いアメリカの違いを反映していると解釈できるかもしれない。

性格スキルと寿命・健康・犯罪との関係

性格スキルが影響を与えるのは職業人生ばかりではない。健康面にも影響を与えることが注目されている。過去の34ほどの研究をまとめて、性格スキルと寿命の関係の強さを比較した研究によれば、[27]「真面目さ」が寿命との関係においてビッグ・ファイブの中でも最も強い因子であることがわかった。つまり、寿命を予測する上で「真面目さ」が最も重要であるということだ。

この関係の強さは他のビッグ・ファイブの因子、IQなどの要因を上回っている。これまでの研究を総合すると、「真面目さ」以外では、「開放性」、「協調性」、「精神的安定性」が高いほど寿命が長いという結果が出ている。

具体的にはどのようなルートで、性格スキルは寿命に影響を与えているのであろうか。ある研究では、小学校時代の教師による「真面目さ」、「協調性」、「外向性」の評価の高い人ほど中年になってからの健康状態（喫煙少、運動多、健康の自己評価高）は良いことが示されている。[28]

また、別の研究によれば、小学校時代の敵対性（「精神的安定性」の一側面）の強い人ほど高校時代の喫煙、飲酒、麻薬使用に結びつきやすいこと、また、社交性（「外向性」の一側面）は飲酒に結びつきやすいが、喫煙とは関係がないことが明らかになっている。[29] 喫煙、飲酒、運動などを通じて性格スキルが寿命に影響しうることが前述の研究でわかるであろう。

性格スキルは、成人以後の犯罪確率にも影響を与えている。ビッグ・ファイブの中で将来の犯罪と関係が強い性格スキルは、やはり「真面目さ」と「協調性」である。ある分析[30]では、重大な非行を行った少年は、母親による12〜13歳の頃の「真面目さ」と「協調性」の評価がそうでない少年に比べかなり低いことを見出した。犯罪を起こさないためにも「真面目さ」と「協調性」を高めることが重要であるのだ。

第3節　性格スキルと学歴・成績・学力テストの関係は？

性格スキルが人生の様々な側面に影響を与えることをみてきたが、学歴、成績、学力テストなどにも影響を与えることがわかっている。[31]

学歴との関係

まず、学歴への影響をみてみよう。学歴（ここでは教育年数との単純な相関関係をみる）においては、これまでの研究では、ビッグ・ファイブ中でも、「真面目さ」と「開放性」が教育年数との決定要因において重要であることがわかっている。つまり、「真面目さ」、「開放性」が高い人ほど学歴も高くなるということだ。

しかし、学歴への影響をみる場合は、知性などの認知スキルの影響を除いて、性格スキルの影響をみる必要がある。好奇心などを表わす「開放性」はビッグ・ファイブの中でも知性と相関の高い唯一の因子であり、知性の影響を考慮しその影響を除くと、「真面目さ」のみ学歴と明確な関係があることがわかっている。

これは、みかけ上、「開放性」は学歴との相関が強いようにみえるが、学歴に影響を与えていたとしてもそれは知性を高めることで学歴に影響を与えているということで、学歴への直接的な影響は考えにくいということを意味している。

成績との関係

次に、学校の成績との関係をみてみよう。これまでの研究をまとめたメタ分析[32]では、やはり、「真面目さ」とGPA（Grade Point Average、各科目の成績から特定の方式によって算出された学生の成績評価値）の相関が圧倒的に高くなっている。この相関は知性とGPAの相関とほぼ同じ程度であった。つまり、**「真面目さ」は知性と同じくらい成績に影響する**可能性があるということだ。他のビッグ・ファイブの因子と成績の相関はかなり低いが、その中では「開放性」の相関がやはり比較的高い。

また、同じ分析で、初等、中等、高等教育に分けてビッグ・ファイブの因子とGPAの相関関係をみると、初等教育では性格スキルよりも知性とGPAの相関関係が圧倒的に高くなっている。しかしながら、中等、高等教育では知性と成績との相関は半減以下に低下している。

一方、「真面目さ」はどの教育段階でも成績との相関の強さは変化しておらず、中等、高等教育段階では知性と同じ程度の相関の強さとなっている。他の性格スキルの影響は教育段階が進むにつれて弱くなっている。つまり、「真面目さ」と成績との関係は変わらないが、大きくなるにつれて知性との関係は弱くなるということだ。

以上から、成績においては、あらゆる教育段階で通用するという意味では、頭の良さよりも「真面目さ」の方が重要であるといえる。知性が高く、頭が良くても一生懸命勉強するのは嫌いな子もいる。そういう子でも小学生くらいでは頭の良さだけでよい成績が取れるかもしれないが、中学、高校、大学と進むにつれて、それだけでは良い成績を維持することが難しくなることを上記の分析は示している。大きくなっても頭の良さだけに頼っているような生徒の成績は決して上がらないのだ。

共通学力テストとの関係

学力テストについてもこれまでの研究は、「真面目さ」に関連するいくつかの側面が、学力テストのスコアを予測する上でも重要な要因であることを明らかにしている。ここで興味深いのは、「真面目さ」の影響について、成績と学力テストは異なるということだ。例えば、教室の中で「真面目さ」と結びついているような行動は、学力テストのスコアよりも日頃の成績の方により強く影響を与えることを明らかにしている分析がある。[33]

「真面目さ」がどれだけ一生懸命に勉強するかという点を捉えているとすると、たぶん、学力テストの点数よりも日頃の成績を上げる効果の方が大きいことを意味しているかもしれない。これはまた、アメリカの場合、通常、「真面目さ」が男子よりも上回る女子が小学校から大学まで成績は男子よりも良いのに、共通学力テストになると男子よりもスコアが低いことをうまく説明できると指摘する研究もある。[34] このような男女差は、日本の場合でも身近な経験でみる限りは当てはまるような気がする。

第4節　性格スキルは人生でどのように変化していくか

年齢によるビッグ・ファイブの変化の違い

第1章では、認知スキルに比べて性格スキルの方が「伸びしろ」があることを示したが、ここでは、ビッグ・ファイブのそれぞれの因子が、人生の中でどのように変化していくかみてみよう。

イリノイ大学のブレント・ロバーツ氏らはこれまでの研究を総合し、「外向性」を「社会的優越」（自己主張が強い性向）と「社会的バイタリティ」（一人を好まず群れたがる性向）に分けた上で、年齢によるビッグ・ファイブの各因子の変化をみた[35]〈**図3**〉。これをみると「社会的優越」、「真面目さ」、「精神的安定性」、「協調性」は長い人生を通じて伸び続けることがわかる。一方、「開放性」、「社会的バイタリティ」は10代で伸びるが後の人生ではむしろ低下している。

前述の分析では、ビッグ・ファイブの中でも人生の成功で特に重要な役割を占める

〈図３〉成人になっても伸びる性格スキル、伸びない性格スキル

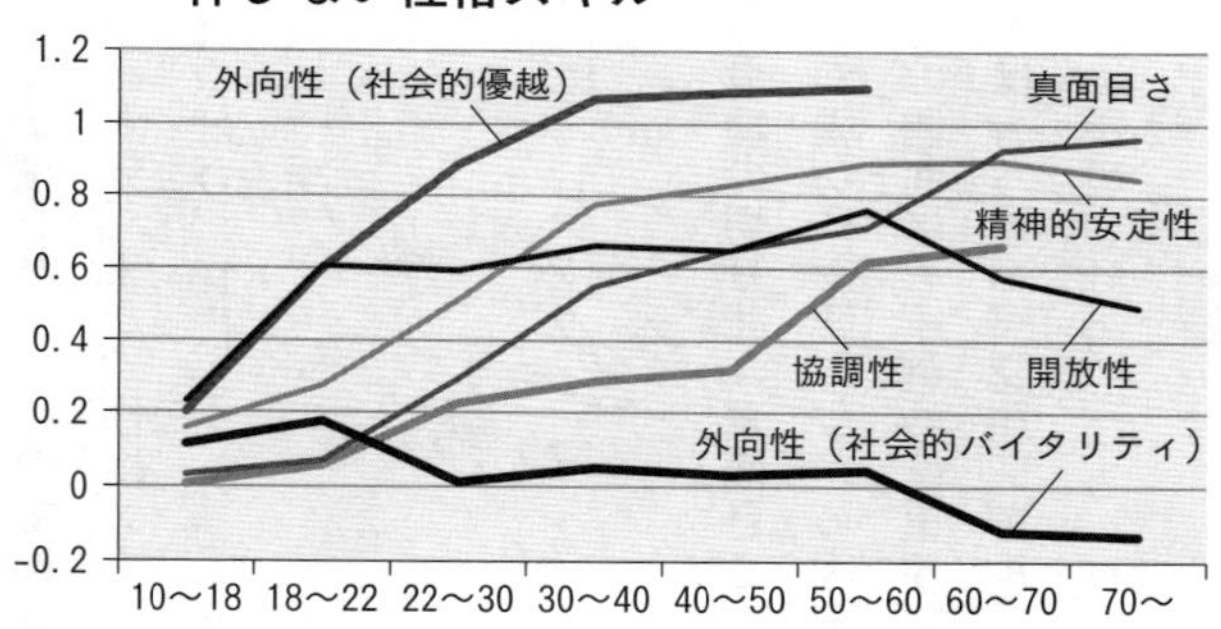

横軸：年齢
縦軸：年齢群ごとの平均差（標準偏差で基準化）の累積値

（出所）Roberts, Walton, and Viechtbauer（2006）

「真面目さ」、「精神的安定性」、「協調性」については、10代の伸びよりもむしろ、20代、30代の伸びが大きいことが着目される。これは**大人になってからも十分性格スキルを鍛えることができる**ことを如実に表わすエビデンスだ。

一方、認知スキルの方はどうであろうか。認知スキルを結晶性知性（crystallized intelligence, 知識）と流動性知性（fluid intelligence, 思考力）に分けた分析によれば[36]、前者は人生の中で高まり続けるが、後者は逆に低下し続けることが知られている。

知識はストックであるから、年月が経る

とともに蓄積されていくので伸び続けるのは納得がいく。認知スキルの中での思考力に関わる部分、また、性格スキルの中でも知性との関係が強い「開放性（好奇心等）」などはやはり、10代までのできるだけ若い時期に鍛えることが重要であるといえよう。

第5節　ビッグ・ファイブで最も重要なのは？

人生の成功の切り札「真面目さ」

人生の成功に影響を与える因子をビッグ・ファイブという観点からみてきたが、人生のどの側面にも圧倒的に重要であるのが「真面目さ」であった。学歴・成績・学力テストはもちろん、認知スキルで決まる部分も大きいのであるが、知性といった認知スキルの影響を除外しても、性格スキル、特に、「真面目さ」が影響している部分も大きい。

その次に位置するのが「精神的安定性」といえる。他の因子は、影響する側面によって異なる。例えば、「協調性」は、学歴や職業人生との関係は日米で異なるが、健康や犯罪抑制とは正の関係がある。「開放性」は教育関係の成果との関係が強いといったことが挙げられる。

性格スキルを伸ばすことはそれ自体、人生の成功に影響するだけでなく、認知スキルを伸ばすことにもなり、その後の人生に好影響を与えるという「一石二鳥」の効果があるのだ。

そして、人生の成功に特に重要な「真面目さ」や「精神的安定性」が10代よりも20代、30代の方がより伸び、その後の人生の中でも伸び続けることも重要な発見だ。こうした性格スキルを鍛えるのに遅すぎることはないということをこれらの研究は教えてくれ、我々に大いなる希望を与えてくれる。

ちなみにここで挙げた研究は、性格スキルと人生の様々な出来事との関係はみているが、それが必ずしも特定の因果関係を示しているとは限らないことには留意が必要だ。相関関係があるからといって、例えば、性格スキルが原因となって人生のパフォーマンスへの結果を引き起こしているとは限らない。人生のパフォーマンスが性格スキルに影響を与えるという逆の因果関係もありうるからだ。

また、ビッグ・ファイブの計測は主に質問票による自己報告であり、主観的なバイアスが入りやすいという問題点もある。そのため、第三者の客観的な評価を性格スキルとして利用した分析も行われている。第1章でみたスウェーデンのストックホルム経済大学のエリック・リンキスト氏らの、心理学者がスウェーデン軍の兵士に入隊時に面接して把握したデータを用いて行った分析はその一例である。こうした問題はあるものの、この章で紹介した各種分析は、人生の成功のためにはビッグ・ファイブの中でもどの因子に着目すべきか、明確な指針を与えてくれているという意味において有益といえよう。

ダックワース著『やり抜く力』

前掲のアンジェラ・ダックワース著『やり抜く力』は、本書を読まれて、性格スキル、特に、ビッグ・ファイブの中の重要な因子である「真面目さ」に興味を持った読者には一読を勧めたい名著である。

著者のダックワース氏が「ＧＲＩＴ」＝「やり抜く力」と呼んでいる資質は本書で議論してきた「真面目さ」の一側面と考えられるが、ほぼ同意語と考えてかまわないであろう。著者は、まず、我々がどのような分野でも人々の素晴らしいパフォーマンスや業績をみると、すぐ才能のせいにしてしまうというバイアスを持つことを指摘する。しかし、実際は、才能よりも「やり抜く力」が重要であることを様々なエピソードを紹介しながら説得的に議論を展開していく。

同書では、「やり抜く力」は以下のように定義されている。

「やり抜く力」＝「情熱」×「粘り強さ」
「情熱」＝「興味」×「目的」

この定義からわかるのは、一時的に頑張るだけでは「やり抜く力」にはならないということだ。「粘り強さ」を問うているのは、瞬発力ではなく持久力が重要であることを意味している。困難があってもあきらめない「七転び八起き」の精神こそ「粘り強さ」を体現しているといえる。著者は、タトゥーを入れるとすればこの言葉を入れたいといっているほどだ。

著者の重要な視点はむしろ「情熱」の方だ。まさに、「情熱大陸」（TV番組、毎日放送）のテーマ曲が流れてきそうな展開であるが、「情熱」は単に自分のやっていることに興味があるということに止まらない。いくら興味がある、好きだといってもあれこれ目移りするのではだめだ。自分にとってかけがえのない1つのことに打ち込み、じっくり取り組めることこそ「情熱」の本質と説く。そして、そういう「情熱」を持つためには、自分の人生で何を成し遂げたいのか、人生の哲学ともいうべき「大きな目標」が必要という。それが前述の2番目の式の「目的」に相当する。

「やり抜く力」の鉄人が持つ「目的」とは何であろうか。それは例外なく「人のために役に立ちたい」と他者にかかわることだという。昼夜を問わず苦労を重ね、挫折や失望や苦しみを味わい、犠牲を払ってでも価値があるということは、その努力が人の役に立つからだ。逆に、人間は単に自分の利益のためだけでは偉大な仕事を成し遂げることはできない。

コラム１でも触れた通り、「誰かに必要とされる」ことは、社会生活を行う上で人間の最も根底にある欲求だ。どんなに大金持ちになっても出世しても、誰かに必要とされる、役に立っているという実感、手ごたえがなければ決して満足感や充実感は得られないだろう。外資系金融機関で超高給取りになっても40～50代ですっぱりやめて、地方で地域のための活動に汗を流す人の例はよく聞くところだ。

また、スポーツ選手やミュージシャンが、しばしばファンへの謝意を示すのは自分の顧客への最低限の礼儀からではないであろう。どんなに年俸が高くても名声を博しても、我々が信じられないほどの鍛錬、努力を継続できるのはファンを喜ばせたい、役に立ちたいという気持ちがあるからではなかろうか。

「真面目さ」「やり抜く力」の重要性を証明するエピソード

同書の魅力は「やり抜く力」の本質を上記のようにかみ砕きながら多面的に明らかにしていることだが、「やり抜く力」を具体的に伸ばしていくヒントも満載である。

これは、次の第3章の議論とも整合的・補完的であるので参照されたい。ここでは、最後に、同書の中で「やり抜く力」がいかに重要であるかを示すエピソードをいくつか紹介したい。

第一は、スタンフォード大学の心理学者のキャサリン・コックス氏が1926年に発表した研究である。コックス氏は偉業を成し遂げた301名の歴史上の人物について、略歴や伝記情報を細かく調査し、知的早熟の兆候をチェックしながら、業績の偉大さなどを勘案して幼年期の推定知能指数（IQ）を計算した。つまり、認知スキルに着目した。

最も高かったのは3歳でギリシャ語を覚えたとされる、イギリスの哲学者ジョン・スチュアート・ミルの190、最も低かった人々は100~110程度で一般の人々をわずかに上回る程度、ニュートンは中間の130であった。そしてこの研究から明らかになったのは、まず、次の2点である。

・偉大な功績を収めた歴史上の人物たちは、一般の人々に比べ知能が高い。

・偉大な功績を収めた歴史上の人物たちを功績の偉大さで比較すると、知能指数の高さはほとんど関係ない（功績が最も高いレベルでの平均１４６、最も低いレベルでの平均１４３）。

それでは、偉大な功績を収めた人物の中で違いを決定する要因はなんであろうか。コックス氏たちは67の性格的特徴を調べ、超一流の偉人（上位10名）とたんなる偉人（下位10名）との決定的な相違点を「動機の持続性」と名付け、以下の４つのポイントにまとめた。

①遠くの目標を視野に入れて努力している。晩年への備えを怠らない。明確な目標に向かって努力している。
②いったん取り組んだことは気まぐれにやめない。気分転換に目新しさを求めて新しいものに飛びつかない。
③意志力の強さ、粘り強さ。いったん目標を決めたら守り抜こうと心に誓っている。

④障害にぶつかっても、あきらめずに取り組む。粘り強さ、根気強さ、辛抱強さ。

そして、コックス氏は「知能のレベルは最高ではなくても、最大限の粘り強さを発揮して努力する人は、知能のレベルが最高に高くてもあまり粘り強く努力しない人より、はるかに偉大な功績を収める」と述べている。

①、②が「やり抜く力」の「情熱」部分、③、④が「粘り強さ」の部分に対応していると考えれば、非常に説得的な結果といえる。

第二は、同書の著者が学生時代、地元の公立中学校で中学1年の数学の学習指導を行った時の経験である。生徒の中には数学的概念の呑み込みがずばぬけて速く、問題のパターンもすぐつかめる、要は頭の回転の速い子と、それほど能力がなく、問題のパターンもつかめずに苦労する子と両タイプがいた。

しかし、最初の学期の成績評価を行ったところ、能力の高い生徒たちの成績が思ったほど良くなかった半面、最初はなかなか問題が解けずに苦労していた生徒の中には予想以上に良い成績を取った生徒が何人もいたという。そうした生徒は、欠席しない、忘れ物をしない、授業中よそ見やふざけたりしない、ノートをしっかりとる、質問をよくする、理解できなくてもあきらめずに何度も挑戦する、という特徴があった。

つまり、こつこつと努力することが成績に表われたと評価している。本章では学校の成績との関係をみると、認知スキルの影響は教育段階が進むにつれて弱くなるが、「真面目さ」の影響は変わらないことを紹介した。前述のエピソードはこれとまったく整合的な結果である。中学になれば頭の良さだけでは乗り切れず、「真面目さ」＝「やり抜く力」がやはり重要になるのだ。数学は才能が決める部分が多いと我々は信じているだけに「真面目さ」＝「やり抜く力」の重要性がより説得的に伝わってくる。

第三は、アメリカの陸軍士官学校（ウエストポイント）でのサバイバルである。陸軍士官学校の入学審査はその厳格さで有名だ。高校の成績は抜群に優秀、大学進学適性検査でも高得点が必要であるばかりでなく、体力測定での高得点、さらには、議員の推薦状まで必要で、ハーバード大学へ入る方が楽なくらいと著者はいう。入学者は男女とも各高校を代表するスポーツ選手で大半はチームキャプテンだ。

しかし、夏の入学直後の7週間の地獄のような基礎訓練は「ビースト」と呼ばれるが、それに耐えきれずに中退する者も結構いる。朝5時の起床から消灯の22時まで食事以外は休憩なし、週末の休みもなし、外部との接触も全面禁止の中、これでもかという試練が次々と与えられ、肉体的にも精神的にも最も過酷な状況に追い込まれる。まさに、本当の意味での「修羅場」を経験させる訓練だ。

それでは「ビースト」の訓練を最後まで耐え抜けるのはどのような人物であろうか。入学事務局は「志願者総合評価スコア」（大学進学適性試験、高校での成績順位、リーダーとしての資質の評価、体力測定スコアの加重平均）を算定し、入学審査の決め手としている。このスコアは士官学校での様々な試練を乗り越えるための能力・才能として捉えられていた。

しかし、このスコアは「ビースト」の訓練を耐えうることができるか予想するのにはまったく役に立たなかったという。最高評価を得た士官候補生も最低評価の候補生と同じくらい中退していたのだ。

そこで重要だったのは「困難に負けずに立ち向かう」、「絶対にあきらめない」という態度であった。つまり、才能とは無関係であったということだ。著者は、「やり抜く力」を計測するテストを「ビースト」の2日目に士官候補生に受験させて、調べてみると、「やり抜く力」を示すスコアと「志願者総合評価スコア」とは何の関係もないことがわかった。

一方、「やり抜く力」を示すスコアでみると、訓練を耐え抜いた者たちと脱落した者たちの間ではスコアの差が如実に表われたことを報告している。「志願者総合評価スコア」は、いわば認知スキルと体力面でのスキルを測っているといえるが、「ビースト」の厳しい訓練を耐え抜くにはむしろ性格スキルであるところの「真面目さ」、「やり抜く力」が最も重要であったのだ。

〈コラム2〉

1970年前後のTVアニメと「やり抜く力」

小学校の時に何に夢中になっていたか。思い出すのはTVアニメである。当時の小学生はみなそうであったように、「巨人の星」（1968年3月30日〜1971年9月18日、日本テレビ系列）、「タイガーマスク」（1969年10月2日〜1971年9月30日、日本テレビ系列）、「あしたのジョー」（1970年4月1日〜1971年9月29日、フジテレビ系列）、「アタックNO.1」（1969年12月7日〜1971年11月28日、フジテレビ系列）、「昆虫物語　みなしごハッチ」（1970年4月7日〜1971年12月28日、フジテレビ系列）を夢中になって見ていた。特に「巨人の星」は思い入れが強く、原作が連載されていた「週刊少年マガジン」を購読、最終回までリアルタイムでみていた。

改めて驚くのはこれらのTVアニメが1970年前後に同時に放映されていたことだ。筆者は1960年生まれであるので、1970年はちょうど小学校4年生で、大阪万博があった年だ。いずれの番組も1971年には終了している。

それらの多くは「スポーツ根性アニメ」の走りとされている。いずれのアニメも主人公にこれでもか、これでもかと困難が襲い掛かるが、それを根性で克服していくストーリー展開だ。だが、今から思っても、それらの内容はとにかく暗かった。その証拠にいずれのアニメも最初の主題歌は全部マイナー調だ。番組の最後の挿入歌は「タイガーマスク」、「みなしごハッチ」にいたっては毎回涙なしでは聞けないものであった（「アタックNO．1」のみは晴れやかな明るい曲であったが）。

さらに、最初の3つのアニメは梶原一騎氏が原作ということもあって最終回はハッピーエンドでさえない。気持ちの持っていきようがなかったことを思い出す。

しかし、今から思えば、いずれのアニメも主題は「真面目さ」、「やり抜く力」であったように思われる。「巨人の星」はまさに巨人の星となるため、タイガーマスクであれば孤児院の「ちびっ子ハウス」の子どもたちのため、そして「みなしごハッチ」は母に会うため、どんな困難も乗り越えていくというのが話の流れだ。苦しいストーリーが延々と続き、見ていても胸がふさがれるような時もあった。

言ってみれば、自分の世代はTVアニメで性格スキルの「真面目さ」、「やり抜く力」の大切さを学んでいたように思われる。自分のノートの表紙に「根性」とマジックで書いていたのを思い出す。そんなことが全然恥ずかしくない時代であった。

若い人からすれば、こんな中高年のおじさんの昭和への郷愁を語られても……と言いたいところであろうが、それがこのコラムの目的ではない。思い返してみると、1970年前後は高度成長期の末期ではあるが、その後の狂乱物価、石油危機、厳しい不況に突入する前の段階であり、公害等の問題は深刻になってきたが、大阪万博開催などで国民意識も高揚し、将来に対してもまだ楽観的な見方が残っていた時代であった。それなのになぜこのような暗いアニメが人気を博したのか。

先に紹介した『やり抜く力』の著者、ダックワース氏は、「やり抜く力」はまさに何度転んでも起き上がることがすべてであるが、それができるかどうかは本人に希望があるか、楽観的であるかが大事であると同書の中で説いている。

「やり抜く力」が発揮されるためには、本人が「自分たちの努力次第で将来は良くなる」、「明日はきっと今日よりもいい日になる」という信念がなければならないということだ。80年代までの日本は「明日が今日よりも必ず良くなる」と信じて人々が努力できた時代であった。しかし、これは90年代以降、急速に変化していく。それにつれて、「スポ根アニメ」もすたれていったのではないか。「やり抜く力」の重要性を教える立場の大人も生き方が定まらず、自信をなくしてしまったようにみえる。

しかし、本章で強調したことは、いつの時代でも、どこの国でも人生の成功においては「真面目さ」、「やり抜く力」が重要であることは変わらないということだ。性格スキルの重要性を説くことが困難な時代だからこそ、そこから目をそらさず、向き合わなければいけないのだ。

〈コラム3〉 自分を振り返る——人生の転機と「やり抜く力」

小学校時代のことを思い出したついでに、自分の人生も少し振り返ってみたい。

大学の学部での専攻は数学だった。そう聞くと読者の方々は「さぞかし、数学がおできになったんでしょうね」とおっしゃるであろう。しかし、経済学者としての数学の力や活用度からいえば、正直、経済学部出身の方々の方が筆者よりもずっと優れていると痛感することが多いくらいだ。

そんな体たらくであるのだが、なぜ、数学科を志望したのか。小学校高学年の時に1冊の本との出会いがあった。遠山啓（とおやまひらく）氏の名著、『数学入門』（上下、岩波新書）、である。小学生でも内容が理解できる語り口に魅了され、方程式で文章題を解くところは感激した覚えがある。

数学に興味を持ったことでたぶん、親が買い与えてくれたのが、吉田洋一（よしだよういち）・矢野健太郎（やのけんたろう）編、『私の数学勉強法』（ダイヤモンド社）、だった。これも小学生がわかる言葉で数学の魅力を語っていた。そこで登場していた数学者は例外なく東大理学部数学科の出身。自分の中で「東大数学科しかない。どうしても行きたい」という「憧れ」がむくむく湧いてきた。

小中高と振り返ってみれば、数学が群を抜いて天才的にできたわけではない。「それなり」のできだったと思う。それでもなぜ憧れ続けたのか。それは数学の美しさ、ある種、「爽快感」に魅せられたというべきであろうか。

新たな理論、一般化を行えば、これまでごちゃごちゃとして見えていたものが遠くまで整然と見渡せる爽快感。「ああ、そうだったのか！」と膝を打つような瞬間、感動が好きであった。路地がまるで迷路のように入り組んでいる町も近くの小高い丘に登って見渡せば、「そういうことだったのね！」と目から鱗が落ちる瞬間にも似ている。だから、ごりごり計算をしたり、難問を解くのが好きだったわけではない。

大学に入学しても、あまり周りとのギャップを感じることなく、無事、2年生の秋に東大数学科に進学することができた。しかし、そこで自分を待っていたのはそれまでに経験したことのない「異次元の世界」であった。子供の時から「伝説」の1つや2つあるような大天才が集まっていて、熱心に数学を語る姿は自分の理解を超えて「宇宙人」をみているようであった。

ちなみに同期45人の中で少なくとも2人、東大に残って数学科の教授として活躍されているので抜群に優秀な期であったのだろう。それだけすごい人達をみていると劣等感すらもわかず、ただただ、「あっぱれ!」と呆然自失（ぼうぜんじしつ）するより他なかった。

「憧れ」だけで来た数学科。でも、客観的にみれば、「なにしに来たん?」、「お呼びでない!」という状況。それでも、周りの数学科の同級生がみんな優しい人達ばかりであったことを忘れることができない。「落ちこぼれ」の自分に対しても馬鹿にしたり、無視したりせず、いつも温かく声をかけてくれたことを思い出す。「真に頭のいい人は絶対偉ぶったりしないし、こんなに優しいんだ…」と痛感する日々であった。

頭の良さでは全然かなわない。そう思い切ることがもう一度、自分の強みや良さを真剣に考えるきっかけとなった。「理系、文系科目を問わず、幅広い興味を生かしたい、社会と接点を持ちたい」。そう思い、大きく人生の方向転換を考え、霞が関で官庁エコノミストを目指すことにした。

　実際、数学専攻から経済学者に転向している人は幾人もいたし、身近で理系出身で官庁エコノミストとして大成している人もいたからだ。しかし、そのためには、まず、公務員試験に受かることが前提だが、それに受かっても志望する旧・経済企画庁（現・内閣府）へ採用されるかどうかわからない。公務員試験といっても自分は数学職で受けるしかない。しかし、情報もほとんどなく、アドバイスをしてくれる人もいない。まさに暗中模索の日々だった。

「どれだけ勉強すれば受かるかわからない。自分は頭が良いわけではないので、人ができない努力をするしかない」。そう覚悟を決めると、心のもやもやが嘘のように消えていった。3年秋から4年夏まで1年弱の間、とにかく数学の勉強に没頭した。授業も集中し、完璧な復習を心掛けた。数学をあきらめたからこそ初めて徹底的に数学に向き合うことができた。そんな日々であった。あとから思えば、自分のとりえは「真面目さ」、「やり抜く力」しかないと気付いた瞬間だったと思う。

社会に出てから、様々な世界を経験し、海外で留学や仕事をする機会も得た。しかし、「異次元の世界」をみたのはあの時が最初で最後であった。「場違いの所」へ行ってしまったことは間違いない。しかし、あそこに行ったからこそ天才達と出会えた。そうでなければ自分は中途半端な「天狗」になっていただろう。また、自分の仕事の根本にある、論理性や包括的な体系を考える力は数学科に行ったからこそ養われた。数学科へ行ったことは「間違っていたが、正しかった」とつくづく思う。

〈第2章・注〉

＊17　Barrick and Mount (1991)
＊18　Schmidt and Hunter (2004)
＊19　Heckman, Stizrud, and Urzua (2006)
＊20　Gallo, Endrass, Bradley, Hell, and Kasl (2003)
＊21　McGee (2010)
＊22　Cobb-Clark and Tan (2010)
＊23　Cattan (2011)
＊24　Lee and Ohtake (2014)
＊25　Mueller and Plug (2006)
＊26　ただし、Lee and Ohtake (2016) では、従業員1000人以上の大企業における「協調性」の年間所得の関係は日本、アメリカとも正であることを報告してる。
＊27　Roberts, Kuncel, Shiner, Caspi and Goldberg (2007)

＊28 Hampson, Goldberg, Vogt, and Dubanoski (2007)

＊29 Hampson, Tildesley, Andrew, Luyckx, and Mroczek (2010)

＊30 John, Caspi, Robins, and Moffitt (1994)

＊31 本節で紹介している研究については、Almlund, Duckworth, Heckman, and Kautz (2011) を参照した。

＊32 Poropat (2009)

＊33 Willingham, Polack, and Lewis (2002)

＊34 Duckworth and Seligman (2006)

＊35 Roberts, Walton, and Viechtbauer (2006)

＊36 Horn (1970)

第3章

性格スキルを伸ばす家庭環境と教育

それでは、性格スキルを高めるためには何が必要であろうか。本章では幼少期や就学期における具体的な取り組みを検討してみよう。

第1節　幼少期の家庭環境の影響

性格スキル、認知スキルを高める親の投資

性格スキルの重要な決定要因の一つが幼少期の家庭環境である。例えば、前述のヘックマン氏らは、子どもの蔵書数、子どもの楽器の所有、子どもの受ける特別なレッスン、子どもが美術館やミュージカルへ行く頻度を親の子どもへの認知・性格スキルへの投資と考えた[37]。

子どもの手に取ることができる範囲で本が多くあることは、読書により認知スキルが高まるとともに、好奇心などビッグ・ファイブの1つである「開放性」を高める効果もあるかもしれない。また、美術、音楽、演劇などの文化に触れることは、美的意

識や審美眼などを養うという意味でやはり「開放性」を高め、これは認知スキルの一側面である知性を高める効果が期待される。実際、ヘックマン氏らはこうした親の投資が認知、性格スキル両方に影響を与えるとともに、認知スキルよりも性格スキルへの影響がわずかながら高いことを示した[38]。

また、英ユニバーシティ・カレッジ・ロンドンのカルネイロ氏らは、父親の社会階層や両親の子どもの教育に対する関心、父親が新聞や本を読んでいることが、子ども（7歳時点）の認知スキル、性格スキル双方に明確な影響を与えることを示した[39]。

こうした研究を大胆にまとめるとすれば、性格スキルに対する幼少期の家庭の役割は、**子どもが好奇心や本への興味を抱いたり、美意識を育むような自然な環境をどう作るか**が重要といえる。子どもへそうした環境や経験を与えるだけでなく、そうした取り組みの前提となる親の教育への考え方や自身の読書などへの取り組みが重要となっているのだ。第2章でもみたように好奇心などの「開放性」を大人になってから伸ばすのは難しい。このため幼少期の家庭環境は特に大事になってくるのだ。

第2節　就学期の学校（教室）での取り組みの影響

性格スキルはもちろん、幼少期の家庭環境だけで決まるわけではない。就学期以降の学校や課外活動における取り組みも重要な役割を担（にな）っている。実際、幼少期の家庭環境と同様に、就学期における学校の教室での取り組みや課外活動は、認知スキル・性格スキルの両方の発達を促すことが様々な研究で明らかになっている。まず、学校生活の中心となる教室における取り組みをみてみよう。

学校時代の素行と将来の賃金の関係

スイス・チューリヒ大学のカーミット・セガル氏はアメリカの8年生（中学2年生）で問題行動（不登校、遅刻、宿題未提出など）があった人に着目し、テストの成績を基に学力の影響を除いても、彼らの26～27歳時の賃金が相対的に低い傾向を指摘した。[40] これは、賃金が低いのは当時のテストの成績以外に性格スキルにも起因することを意味している。

こうした学校時代の問題行動と将来の賃金との関係は、すべての学歴レベルで同様の傾向があった。つまり、どんなに学校時代の成績が良くても、学校時代に問題行動を起こしていればその分、将来の賃金は低くなるということを意味している。

一方、8年生の標準テストの成績と賃金の相関は、高等教育以上の学位を持つ者に限られていた。これはこれまでみてきたように性格スキルはどのようなタイプの人にとっても重要であることが再確認されたといえる。

また、米イリノイ大学のクリスティ・レラス氏はアメリカの高校1年生（10年生）に対する教師からの評価を性格スキルの指標として、10年後の賃金に与える影響をみている。具体的には、宿題の遂行、勉強の取り組み、遅刻の有無から勤勉性、他の学生との良好な関係から社会性・協調性等の指標を得て、これらが賃金に影響を与えることを示した[41]。

こうした分析から得られるインプリケーションは何であろうか。不登校、遅刻、宿題の未提出という行動はビッグ・ファイブにおける「真面目さ」に欠けていることを意味すると考えられる。第2章でみたように「真面目さ」は職業人生を決定する最も重要な性格スキルであることを思い出すと、納得のいく結果といえる。

逆に、就学期においてこの「真面目さ」を鍛えるためには、当たり前のことではあるが、**毎朝、必ず登校し、遅刻をしない、宿題は期限までに提出することを徹底させること**が重要だ。このように学校時代の評価としては、単に、試験の成績だけではなく、先生が主観的に評価する内申書も性格スキルの評価と考えればその重要性を再確認できる。

第3節　就学期の課外活動が性格スキルを鍛える

性格スキルを鍛える場は学校の教室だけに留まらない。学校における様々な行事や部活動などの課外活動も重要な場である。もちろん、こうした場は学校の中だけではない。

例えば、課外活動においては、文化祭や大会など目指して厳しい練習、準備などを通じて、自己規律といった「真面目さ」、自尊心といった「精神的安定性」が養われたり、お互い仲間を思いやり、力を合わせて成果を出すチームワークに象徴される「協調性」も重視されたりしている。つまり、課外活動は性格スキルを伸ばす格好の場といえるのだ。

一方、こうした活動に力を入れることは逆に勉強に割く時間が少なくなることも意味する。したがって、将来の人生への影響は両方の効果を加味して考える必要がある。課外活動に関する具体的分析をみてみると、前述のレラス氏は、運動系クラブや学術系クラブへの参加が学歴や賃金を有意に引き上げることを示した。

運動系活動の効果

課外活動の中でも多くの研究が積み重ねられてきているのは、運動系の活動の効果である。初期の代表的な研究は、アメリカの大学対抗の運動部に所属している選手の分析である[42]。そこでは、男子の選手の場合はその後の年俸が４％、選手でない大学生に比べて高くなるが、女子選手にはそうした効果がないことが明らかとなった。一方、1970年代初頭に大学に所属した男子、女子選手とも選手でない学生に比べ大学卒業率は高かった。

また、米パデュー大学のジョン・バロン氏らは、アメリカのパネル・データを用いて、運動部で活動した人は他の課外活動をした人に比べ、賃金が4・2%高いことを示した。[43] さらに、アメリカのパネル・データを使ったある研究では、高校時代に運動系の活動をしていた人は、そうでない人に比べ将来の賃金やフリンジ・ベネフィット（企業が従業員に対する現金給付以外の現物給付、サービス提供）が高く、また、組合加入、成果主義的賃金の適用、多くの部下を持つ機会に恵まれるなど、より良い職に就ける可能性が高いことが示された。[44] このように運動系の活動をした人のその後の人生へのプラス効果が、明らかになっているのである。

それでは、運動系の活動について個人競技と団体競技とは差があるであろうか。団体競技の方が他の選手との協調的な関係が重要になるため、性格スキルが鍛えられ、将来の人生にも良い結果をもたらすと予想する向きもあろう。

スイス・ザンクトガレン大学のシャルロット・カバーヌ氏らは、アメリカのパネル・データを使い、中学時代に週1回個人種目のスポーツに参加していた男性は、管理職（13年後）になる確率が1・6％高い一方、高校時代の団体種目に参加していた男性の場合は同確率が1・4％高いとした。また、女性の場合、高校時代、個人種目のスポーツに参加していた場合、管理職になる確率が1・6％高いことを示した。[45]

このようにアメリカのデータで見る限りは、必ずしも団体競技の方がその後の人生への効果が大きいという結果には必ずしもなっていない。これはアメリカ社会においては先の大竹氏らの分析（第2章）でみた通り、ビッグ・ファイブの中の「協調性」と職業人生との関係は強くない、むしろマイナスの場合もあることとも関係しているかもしれない。

また、運動系活動への参加はテストの成績を高める効果もある。アメリカの中高生のパネル・データを使ったある分析では、運動系活動への参加は数学のテストの点数を2％引き上げる効果を見出し、それは他の活動への参加の効果（1％）よりも大きかった。[46]

これまでみてきたように、アメリカでは主に高校における運動系活動への参加の分析が中心であるが、例えば、ドイツでは子どものスポーツ活動の中心は民間クラブとなっている。ある研究によれば、ドイツの3～10歳でスポーツクラブに入っている子どもの方が認知スキル（学校での成績）、性格スキル双方が高いことがわかった。[47] また、ドイツのパネル・データを使い、やはり、幼年、青少年期における民間クラブでのスポーツ活動が、学歴にプラスの影響を与えることを確認した研究もある。[48]

日本においても同じことが指摘できよう。例えば高校時代、運動部に所属していた生徒はなかなか勉強時間が確保できない。確保できたとしても疲れていて集中できない。そのため、成績は低空飛行ということも多い。しかし、3年生で部活をやめた途端、ぐんぐん成績が上がり、難関大学入試を突破するということも珍しくない。これは、もともと、「真面目さ」という性格スキルが部活を通じて鍛えられていたため、それが認知スキルにも好影響を与えたと解釈できるだろう。

こうした分析を評価する上で重要なのは、運動系活動の経験がその後の人生のパフォーマンスに直結しているかという因果関係の検証である。なぜなら、運動系活動への参加、人生のパフォーマンスそれぞれに影響を与える別の要因があって、人生で成功する人ほど、その要因により運動系の活動を選んでいたかもしれないからだ。

実際、より厳密な計量分析手法を用いて[49]、運動系活動参加の効果が過大評価されている可能性を指摘している研究もあり[50]、慎重な評価も必要だ。アメリカのパネル・データを使ったある研究は、前述のような厳密な手法を取り入れた上で、高校時代の課外活動への参加が、将来管理職になる確率を高めることを示した[51]。特に、生徒会などの課外活動への参加の効果が、スポーツやその他趣味的な課外活動よりも明確であった。

また、アメリカの男女差別是正の一環で、学校における運動系活動への女子の参加を男子並みにすることを義務付けた法律の施行を自然実験としてうまく利用した研究もある。それによれば、女性の運動参加が10％増加した州は、女性の大学進学率が１％、労働参加率が１～２％増加したことがわかった[52]。こうした厳密な分析手法を使った研究を考慮すれば、やはり、特に、運動系の課外活動は将来の人生にプラスの効果を与えることは間違いないといえよう。

リーダーシップの経験の効果

課外活動でもさらにそこでどのような役割を担っていたかで、効果の大きさも変わってくるだろう。特に、部長やキャプテンの役割を担うためには、「真面目さ」、「協調性」、「外向性」などがバランスよく備わっている必要があるし、その総体としてリーダーシップが養われるといえる。

米カリフォルニア大学サンタバーバラ校のピーター・クーン氏は、アメリカの白人男性のデータを分析した。高校時代にリーダーシップをとるポジションにいた人（運動部のキャプテン、クラブの部長をしていた男性）は、賃金が4〜33%ほど高いことを示した[53]。

また、アメリカのパネル・データを使ったある研究は、高校時代、課外活動のキャプテン・部長であったかどうかといったリーダーシップの経験が、大学以降の学歴に大きなプラスの影響を与えることを示した[54]。具体的には、大学へ行く確率を少なくとも5%、卒業する確率を9・5%高めることを示した。

このように、課外活動のうち運動系の活動をしたり、リーダーのポジションにあった人は、高賃金や昇進といった将来の経済的な成果を得ることが確認されている。こうした経験は、より性格スキルの発達が促された結果と解釈することができよう。

第4節　日本における家庭環境の影響は？

日本については、まだ実証分析の蓄積が浅いが、京都大学の西村和雄(にしむらかずお)氏らは、性格スキルを形成する場所として家庭の役割に着目した。子どもの頃になされた躾(しつけ)が、その個人の成人後の労働所得に与える影響を調べることにより、躾が労働市場における評価にどのような影響を与えているかを検証した。[55]

労働市場の評価に大きな影響を与える躾は、特に、4つの基本的なモラル（「うそをついてはいけない」、「他人に親切にする」、「ルールを守る」、「勉強をする」）であることが示された。例えば、この4つの基本的なモラルの躾をすべて受けた者と、1つでも欠けた者との間での所得（年収）比較を行うと、基本的なモラルの躾をすべて受けた者はそうでない者よりも約57万円多く所得を得ていることがわかった。このように、家庭における躾が性格スキルを高めることを通じ、将来の労働市場での評価、パフォーマンスに影響を与え得ることがわかった。

幼少期の家庭環境は学歴、雇用形態、賃金へどのような影響を与えるか

また、幼少期や就学期に身に着けた性格スキルの影響を分析した数少ない研究の一つが、筆者がリクルートワークス研究所の戸田淳仁(とだあきひと)氏、東洋大学の久米功一(くめこういち)氏と共同で行った分析である。[56] 具体的には、経済産業研究所(RIETI)が実施した「多様化する正規・非正規労働者の就業行動と意識に関する調査」(平成24年度)を利用した分析である。

この調査はインターネットモニターサンプルを活用し、全国の20歳以上69歳以下の男女個人を対象とし、6128名より回答を得た。この調査に基づき、性格スキルやそれを形成する幼少期の家庭環境が、学歴や就業以降の雇用形態(正社員であるか否か)、賃金といった労働市場における成果に及ぼす影響を分析した。

まず、幼少期の家庭環境として、小学校低学年（7歳時点）および中学校卒業時点（15歳時点）の2時点について振り返ってもらい、

(1) 暮らし向きが良かったか否か
(2) 両親は共働きをしていたか
(3) 家にはたくさん蔵書があったか
(4) 父親母親が大卒か否か

について質問し、回答を得た。

認知スキルとして、分析対象者が主観的に答えた15歳時点での成績の評価を使った。また、性格スキルとして、

(1) 高校時の遅刻があったか否か（「真面目さ」の変数、遅刻がないほど「真面目さ」が高い）
(2) 子どもの頃に1人遊びをよくしていたか、室内遊びをしていたか（「外向性」の低さを示す変数、室内遊びをしているほど「外向性」は低い）
(3) 中学生時代にどの部活・クラブに入っていたか（運動部、文化系、生徒会、帰宅

部)、団体競技・個人活動か否か、部長やキャプテンを務めていたか
に注目した。
部活・クラブは前述したように、大会などを目指した厳しい練習、準備などを通じて、自己規律といった「真面目さ」、自尊心といった「精神的安定性」が養われたり、お互い仲間を思いやり、力を合わせて成果を出すといったチームワークに象徴される「協調性」が養われることを想定している。
一方、こうした指標がその後の人生にどのような影響を与えたかを分析するために、
(1) 学歴、特に大学を卒業したか否か
(2) 初職の雇用形態が正社員であるか否か
(3) 現職の雇用形態が正社員であるか否か
(4) 現職の直近の月収
について質問し、回答を得た。
分析結果については、以下の点が明らかになった。

(1) 認知スキル（15歳の成績）について、性格スキルや幼少期の家庭環境の影響を除いても、なお、15歳時点の成績で表わされる認知スキルが高いほど、学歴、月収も高くなり、初職および現職で正社員になりやすい
(2) 幼少期の家庭環境について、家庭環境が学歴に対して影響を与えるが、就業以降は家庭環境の影響が弱まる。月収に対しては蔵書の多い家庭で育った人ほど月収が高い
(3) 性格スキルに関しては、「真面目さ」を表わす高校時の無遅刻は、学歴を高め、初職および現職で正社員になりやすい
(4) 「外向性」の低さを示す室内遊びの傾向（15歳時点）については、学歴を高める方向に働くものの、現職において正社員にはなりにくい
(5) 中学時代に運動系クラブ、生徒会に所属したことのある者の月収が高まる

といった結果が得られた。

これらの結果は、これまでみてきたようなアメリカにおける研究とも整合的だ。認知スキルだけでなく、「真面目さ」や「外向性」・「協調性」・リーダーシップを涵養（かんよう）す

るような課外活動・経験が、将来の労働市場での成功に関係すると解釈できる。

第5節　家庭環境が恵まれていなくても、人生は取り戻せる

性格スキルは大人になってからでも伸ばせる

このように筆者らが行った日本のデータを使った分析においても、アメリカなどの実証分析と同様に幼少期の家庭環境や就学期以降の学校での取り組み、課外活動がその後の人生に明確な影響を与えることが確認できた。

幼少期の家庭環境は、性格スキルや学歴に影響を与え、さらに性格スキルや学歴がその後の人生に影響を与えることを考慮すると、ヘックマン氏らが主張しているように、幼少期の家庭環境をサポートし十分な教育機会を与えるような政策は、日本においても効果が得られる可能性が高い。

しかし、幼少期の家庭環境で性格スキルが決まってしまうわけではない。就学期以

降の取り組みも重要だ。認知スキルと並んで高校時の遅刻状況などで表わされる勤勉性などの「真面目さ」は、学歴や就業人生に大きな影響を与えることから、まずは勤勉さや規律といった「真面目さ」を高めることが教育政策の中でも意識されるべきであろう。さらに、運動系クラブや生徒会に所属する経験が賃金にプラスに働くことから、課外活動を通じて、「協調性」、「外向性」やリーダーシップを高めていく取り組みも必要である。

読者の皆さんには、自分の幼少期の家庭環境や就学期での学校、部活動の取り組みを思い出し、性格スキルを伸ばす環境があったかどうか是非振り返っていただきたい。もし、自分が恵まれない環境にあったとしてもがっかりすることはない。なぜなら、第2章の最後で強調したように、**大人である今からでも性格スキルを伸ばすことはできる**し、それによってより良い人生を歩めるからである。つまり、家庭環境がたとえ恵まれていなかったとしても人生は取り戻せるからだ。

本書では、家庭環境は必ずしも恵まれなかったにもかかわらず、本人が学生時代に性格スキルを鍛えることで成功した著名人のいくつかの例を以下のコラムで紹介したい。著名人のエピソードを知る上で欠かせないのが日本経済新聞朝刊で連載が続いている「私の履歴書」だ。これは生い立ち、家庭環境、学生時代のエピソード、社会に出てからの経験、業績など性格スキルがどのように養われ、また、それが人生に影響していったか知るための貴重な資料といえる。

本章では、幼年期、就学期において性格スキルを伸ばすにはどうすればよいか議論してきた。それでは、青年、大人になって社会に出てからはどのように性格スキルを伸ばしていけばよいのか。その場所は学校から職場に移ることになる。第4章では職場において性格スキルを高めるにはどのような取り組みが必要か考えてみよう。

〈コラム4〉 独学をやり抜いた建築家　安藤忠雄(あんどうただお)氏

元プロボクサー、独学で建築を学ぶという異色の経歴で知られる安藤忠雄氏は、日本を代表する建築家である。既成概念を打ち破るような斬新な建築作品を次々と世に送り出すとともに、建築という枠組みを超えた環境再生や震災復興といった社会活動にも、果敢に取り組んでいることでも有名だ。高卒にもかかわらず東京大学工学部建築学科教授に就任された時は、大きな話題を集めた。安藤氏は日経新聞の「私の履歴書」で自伝を連載し（2011年3月1日〜31日）、筆者も読んでいたが衝撃を受けた回があった。それが以下である。

「高校時代、既に建築の道を意識していた私は、大学に進みたいと思っていた。が、家庭の経済的事情に加えて学力の問題があり、大学進学はあきらめざるを得なかった。〈中略〉働きながら、勉強しよう。私はそう決心した。が、何をどう勉強すれば良いかが分からない。大学の建築学科に進んだ友人に頼み、授業で使う専門書を何冊も買った。その教科書を読もう。読んで読んで、読みまくろう。友人たちが4年かけて理解するのを1年で読破しよう。読むだけでは理解できないことも分かりながら、朝起きてから寝るまでひたすら本に向かった。それが最良の方法だったのか、今でも分からない。それでも意地と気力で1年間やり遂げた。

つらかったのは、同じ立場で語り合う友人も、導いてくれる先生もいないことだった。不安と孤独。何とか気を紛らわそうと、また本に熱中した。[57]」

また、「私の履歴書」を書籍化した際には、こうも述べている。

「自分がどこに立っているのか、正しい方向に進んでいるのかさえ分からない。不安や孤独と闘う日々が続いた。そうした暗中模索が、責任ある個人として社会を生き抜くためのトレーニングとなったのだろう。[58]」

真っ暗闇の道を自分のみを信じて進み続ける。それも、1時間や1日ではなく、1年もである。通常の人間では孤独と不安が恐怖に転換し、とても成し遂げられない。まさに気が遠くなるような修業にみえた。筆者も大学受験に失敗し、人並みに1年間、予備校生活を送った。毎日の生活が余りに単調なため、1年間の記憶がまるで1日に重なり合うようにほとんど欠落している。それでも遠い先には光が差し込み、それに向かって希望を語り、励まし合う恋人（妻）や友がいた。だから、安藤氏のこの1年がどのような生活であったか想像しようにも想像できなかったことを覚えている。

ビッグ・ファイブの「真面目さ」が第2章で定義したように「野心を持ち目標に向かって自分を律しながら、どんな困難があっても粘り強く責任感を持って努力していく資質」と考えると、安藤氏はまさに「真面目さ」をその1年で徹底的に鍛え上げたといえるであろう。

〈コラム5〉 天才 長嶋茂雄氏の原点

燃える男、ミスタープロ野球、ミスタージャイアンツこと長嶋茂雄氏については改めて説明する必要はないであろう。天覧試合でのサヨナラホームランに象徴されるようなチャンスに強いバッティングはつとに有名であるが、ファンは三塁手としての華麗な守備にも魅せられたものである。しかし、元々、守備がうまかったわけではなかった。転機は、長嶋氏が立教大学に入学し、砂押邦信(すなおしくにのぶ)監督から受けた猛特訓であった。長嶋茂雄氏も日本経済新聞で「私の履歴書」を連載した(2007年7月1日〜31日)。そこから当時の特訓を引用してみよう。

「血気盛んな三十一歳の砂押監督は自分にも厳しいが、手を抜くことを知らない。シートノックを捕り損なうと連帯責任で練習はやり直しだ。遊撃手の本屋敷(もとやしき)と守備を比べたら私とは月とすっぽん。下手だから、いつまでも終わらない。すると新人教育係が出て失策した私を殴り倒す。それで監督はやり直しを許す。時には私の代わりにコーチがやられることもある。[59]」(ふりがなは引用者)

長嶋氏はさらっと述べているが、長嶋氏がぽろっとゴロを落とすと練習は最初からやり直し。それも、整理体操、ランニングから始めるのだ。そして、やっとのことでシートノックの順番が回ってくる。でも、また、長嶋氏のところでぽろっと球は落ちてしまう。練習は最初からやり直し。当然、夜になりあたりは真っ暗になってしまう。筆者がこの逸話を初めて知ったのは小学生の時だ。たぶん、「巨人軍物語」といった本に出てきたのだと思う。この時も気の遠くなるような強烈な印象が残った。

仲間のためにも絶対にエラーはできない。技術を超えた絶対的な精神力を養う効果があったと思われる。また、暗闇の中でも石灰をボールになすってノックした「月夜の千本ノック」も有名だ。長嶋氏はこう回想する。

「暗くて互いの顔すら見えない。伝説となった月夜のノックだが、月のない夜もある。ボールに白い石灰をなすりつけただけ。暗闇の底から『いくぞ』と監督のしわがれた声とともに強いゴロが飛んでくる。『いいか、長嶋、ボールをグラブで捕ると思うな。心で捕れ、心でっ！』そのうち『おまえはまだグラブに頼っているのか。そんなもの捨ててしまえ』と怒鳴る。エラーをするとすぐグラブを外せ、となる。骨折の危険もある。だが、素手で捕ると球際が強くなって変化に対応できるようになる。一番やさしいところでバウンドを処理するのがフィールディングの極意だ。真剣に球と勝負していくと、それが分かってくるから不思議だった。」

「心で捕れ」という言葉に砂押監督が性格スキルを鍛えようとしたことがうかがえる。しかし、こういったエピソードを紹介すると、砂押監督は単なる前時代的なスパルタ教育をやっていただけではないかと読者は思われるかもしれない。実際、あまりに厳しい練習に砂押監督への排斥（はいせき）運動が起き、彼は退任してしまう。

しかし、当時にあってアメリカ大リーグの野球を徹底して研究し、最先端技術を導入していたと長嶋氏は回想する。ヤンキースのジョー・ディマジオなどのスーパースターのバッティング・フォームを打撃の連続写真を使いながら指導する。また、大リーガーたちの野球に対する考え方まで教える。時代のはるか先を行く大変合理的で科学的な指導だ。そこまで指導を極めていたからこそ、心の持ち方、本書の言葉でいえば性格スキルの重要性を心から理解されていたのではないかと思われる。

〈コラム6〉

吃音を克服した稀代の政治家　田中角栄氏

田中角栄氏も改めて説明の必要はないであろう。30代の若さで郵政大臣として初入閣後、1972年に首相に就任し、「決断と実行」を掲げた政治スタイルで日中国交を回復するなどの業績をあげた。家が貧しく、高等小学校卒という非エリート、苦学の経歴から「今太閤」、「庶民派宰相」と持てはやされ、当時、空前の「角栄ブーム」を巻き起こした。

一方、田中氏が唱えた日本列島改造論は地価高騰や狂乱物価を招き破綻。1974年に金脈問題で首相を辞職後、ロッキード事件で逮捕された。土木建設業界を票田や資金源としてまとめあげ、自民党を離れてからも影響を持った「闇将軍」というイメージも強く、まさに毀誉褒貶、波乱万丈の人生を送った政治家だ。また、2016年にはロッキード事件での逮捕から40年目のこともあり、関連書籍の出版が相次ぎ、「角栄ブーム」のリバイバルが起きたことは記憶に新しい。

高等小学校卒という学歴ではあるが、実は、田中氏の認知スキルは大変高かったのではないかと思われるエピソードがある。「私の履歴書」をみると、[60] 田中氏は小学校時代、勉学に大変優れていたことがわかる。級長を務め、5年修了で当時の旧制中学に進学するように先生からすすめられるが、「母の苦労を思うと中学には気が進まず、小学校の高等科に進むことにした」と述べている。高等小学校の卒業式では総代として答辞を読んでいる。

また、政治家になった後でも、認知スキルに優れていたことを示す例がある。小泉純一郎（こいずみじゅんいちろう）元首相の秘書官を務めた飯島勲（いいじまいさお）氏は、田中氏が28歳で初当選してから10年ほどの間に25本もの議員立法を成立させたことを紹介し、「20代の新人議員のころから自分の手で法案作成を手掛けた角栄は異例中の異例といえる。〈中略〉最終的に42年間の国会議員生活の間に、1人で提案した議員立法が33件に達した。これは日本憲政史上の最高記録で、今後も破られることはないだろう」と称えている。[61]

高等小学校卒なのに総理大臣に上り詰めたと驚くのではなく、高等小学校卒でも総理大臣になれるほど頭が抜群に良かったと評価すべきなのである。

一方、性格スキルの方はどうであったか。田中氏といえば、人々を魅了して止（や）まない演説には定評があったが、実は小学生の頃は吃音に悩み、無実の罪に泣くような悲しい思い出を「私の履歴書」で語っている。それを契機に吃音を克服しようと心に決め、こう振り返る。

「ドモリとは奇妙なものだ。寝言や歌を歌うとき、妹や目下の人と話すときはドモらない。まして飼い犬に話しかけるときには絶対にドモらないが、目上の人と話すとき不思議とドモるのである。〈中略〉いくら矯正法の本を読んでもだめなもので、自分はドモリでないと自分に言いきかせ、自信を持つことが大切なのだ。大いに放歌高吟（ほうかこうぎん）すべきだと悟ったので、山の奥へ行って大声を出す練習をした。」

（ふりがなは引用者）

その努力は、学芸会で「弁慶安宅の関」の弁慶役をやり切ることで実を結ぶ。

「ドモリの田中がどんな弁慶をやるかと、満場水を打ったような静けさである。〈中略〉節をつけて歌うように切り出すと、自分でも驚くほどスラスラと最初のせりふが出てきた。それに勇気を得て問題の勧進帳のくだりも難なく読み上げることができた。終われば満場割れるような拍手喝采である。〈中略〉このときの弁慶役の成功が、どれほど私にドモリ克服の自信を与えてくれたかわからない。」

「野心を持ち目標に向かって自分を律しながらどんな困難があっても粘り強く責任感を持って努力していく資質」であるビッグ・ファイブの「真面目さ」を養い、大きな成果を出すことができた素晴らしいエピソードだ。

田中氏は政治家時代、その膨大な知識と明晰な頭脳、やるといったら徹底してやり抜く実行力から「コンピュータ付きブルドーザー」と呼ばれていたが、これは認知スキル、性格スキルとも人並み外れたものを持っており、両者が補完的になりながら、田中氏の政治活動を支えていたことを如実に示しているといえよう。

〈第3章・注〉

＊37 Cunha and Heckman (2008)
＊38 Cunha and Heckman (2008)
＊39 Carneiro et. al. (2007)
＊40 Segal (2013)
＊41 Lleras (2008)
＊42 Long and Caudill (1991)
＊43 Barron, Ewig, and Waddell (2000)
＊44 Ewig (1995, 1998, 2007)
＊45 Cabane and Clark (2015)
＊46 Lipscomb (2007)
＊47 Felfe and Lechner (2011)
＊48 Pfeifer and Conelissen (2010)

*49　固定効果の計測、操作変数法の利用等
*50　Rees and Sabia (2010)
*51　Kosteas (2012)
*52　Stevenson (2010)
*53　Kuhn and Weinberger (2005)
*54　Rouse (2012)
*55　西村・平田・八木・浦坂（2014）
*56　戸田・鶴・久米（2014）
*57　日本経済新聞朝刊（２０１１年3月6日）私の履歴書　安藤忠雄氏「大学進学希望、家計・学力の問題で断念」⑥
*58　安藤忠雄『安藤忠雄　仕事をつくる　私の履歴書』日本経済新聞出版社、２０１２
*59　日本経済新聞朝刊（２００７年7月6日）私の履歴書　長嶋茂雄氏「鬼の砂押監督」⑥
*60　『私の履歴書　保守政権の担い手　岸信介　河野一郎　福田赳夫　後藤田正晴　田中角栄　中曽根康弘』日経ビジネス文庫、２００７
*61　飯島勲「田中角栄はドンの中のドンだ！」PRESIDENT ２０１７年7月17日号

第4章

性格スキルを鍛える
職場と就業支援

第3章では性格スキルを伸ばすために幼少期、就学期における取り組みをみてきたが、本章では就労以降における取り組みについて考えてみたい。具体的には職場が中心となるが、それは職業教育訓練、就業支援にも重要なインプリケーションを持つと考えられる。

第1節　徒弟(とてい)制度でみる性格スキルの鍛え方

若者が親方から指導や助言を受ける仕組み

職場における性格スキルの向上を考える場合、わかりやすい例は徒弟制度だ。徒弟制度はもともと中世ヨーロッパの手工業ギルドにおいて、親方・職人・徒弟の3階層によって技能教育を行った制度をいう。徒弟になる年齢は10～16歳で、期間はおよそ2～8年程度であった。親方の家で寝食をともにし、技術を修め、さらに3年間ほど職人として働いたのち、「親方作品」を提出して試験に合格すれば独立の親方となることができた。

徒弟は一定期間親方の家に住み込み、雑用のかたわら親方の仕事を見習い、腕をみがきながら職業技術を習得していった。衣食住を保証するが賃金は支払われず、若干の小遣い銭を与えられた。日本の年季奉公・丁稚（でっち）などの制度も徒弟制度の一種といえる。

徒弟制度といえば、ともすれば、封建的、従属的な前時代的制度と思われがちであるが、そのエッセンスは現在も職人養成の場では受け継がれてきていると考えられる。その意義は、徒弟制度は、若者が大人である親方と信頼関係を結びながら、指導や助言を受ける仕組みであることだ。親方は衣食住を提供することで、徒弟に対する教育に全面的にコミットメントすることになる。一方、徒弟の方も衣食住が提供されていることで夜逃げする以外は親方との関係を破棄することは難しく、修業にコミットメントすることになる。

そうした中で、指導・助言は職人として一人前になるため必要な技術、専門的なスキルに留まらず、仕事をさぼらない、他人とうまくやる、根気よく辛抱強く仕事に取り組む、といった「真面目さ」、「協調性」、「精神的安定性」に関わる性格スキルが叩き込まれていたことが重要だ。

つまり、徒弟制度がうまく機能していたとすれば、それが単に技術を学ぶ場だけでなく性格スキルを伸ばす場であったからだ。したがって、かつて職人になるような若者は、家庭環境や学校で十分性格スキルを伸ばすことができなくても、徒弟制度の下で一人前の職業人の基礎となる性格スキルを学んでいたことになる。

もちろん、親方と徒弟との関係は一対一であるので、双方がコミットしてスキルを効果的に教え、身に着けることができる一方、一歩間違えば、弟子が親方に搾取される、いじめを受けるという可能性もある。その場合は、一対一の関係であるからこそ外からは見えず、逃げることも難しいという問題点もある。したがって、徒弟制度が持っていた性格スキル養成効果を積極的に評価しつつも、その負の側面が最小になるような取り組みも必要だ。

具体的には、一対一の関係とはいっても、親方、徒弟は複数いるような環境でお互いが監視できたり、相談できるような環境が望ましい。また、搾取に遭えば、徒弟関係を解消できるという選択肢が確保されていることも大切だ。これは親方の徒弟のコミットメントを弱める方向に働くことは致し方ないが、そのトレードオフを見極めながら、バランスをとる必要がある。

第2節　職場で鍛えることのできる性格スキル

就労期で伸ばすことのできる性格スキルは何か

就学期と就労期においては伸ばすことのできる性格スキルはどのように異なるであろうか。まず、学校と職場の違いを考えると、第一に自営業でない限りは自分と所属している組織の一員と仕事をし、組織に対する貢献を求められている。自分一人だけで完結する仕事はまれであり、組織の他者とのかかわりが必ず必要となる。チームワークなしではできない仕事がほとんどであろう。

一方、学校では共同作業はもちろんあるが、成績という形で最終的に評価されるのは個人のパフォーマンスである。授業に出席することで他者とのかかわりはもちろんあるし、学校生活に欠かせないものではあるが、自ら勉強しなければ評価の対象となる学力も高まっていかないという意味で、個人的なプロセスだ。

したがって、お互いがより密接な関係性を持ち合いながら仕事をしている職場の方が、学校と比べてより円滑な人間関係が重要となるといえよう。相手に対する思いやりやさしさを示す「協調性」、明るさ、社交性を示す「外向性」、いらいらや衝動がなく、心が穏やかな状況を示す「精神的安定性」といった性格スキルは職場においてより重要性を増すし、伸ばしていける環境にあるといえる。

第二は、職場では、学校の時のように取り組み、身に着けるべき課題・学習範囲があらかじめ与えられて、お膳立てがされている、「レール」が敷かれているわけではないことが重要である。最初から「答」が用意されているわけではなく、それを自分で見出していく努力が必要であり、様々な困難を乗り越える力が重要である。その意味で目標に向かってやり抜く力を含む「真面目さ」の重要性は就学期に比べても高いといえる。

実際、性格スキルのビッグ・ファイブの中でも「真面目さ」、「精神的安定性」、「協調性」は就労期に入ってからも伸びていくのは第２章でも見たとおりだ。しかし、好奇心や審美眼、美的センスといった「開放性」は残念ながら就労期で伸ばすことが難しい。

第３章でもみたように、幼年期における環境が大きく影響する。したがって、「開放性」が強く要求される芸術家など創造的な仕事をする人々の場合は、やはり、就学期の環境や取り組みが重要で、就労期に「開放性」を伸ばすことは相対的に難しいと考えていた方が良いであろう。

就職は性格スキルを大きく伸ばす転機

また、就労期の意味を考える場合、性格スキルを大きく変える契機として就職は重要な役割を果たしているといえる。就職時に通常は親から自立し、自活するとともに転居することが多い。つまり、生活環境や人間関係は大きく変わる。これは自ら性格スキルを、それなりの意思を持って変えていく大きなきっかけになることは間違いない。

就職してから、やはり、厳しい環境の中で結果を出すことが要求されるわけで、やり抜く力や自己規律といった「真面目さ」が鍛えられたことは読者も経験済みではなかろうか。また、学生時代はどちらかといえば内向的、人づきあいや関係を結ぶことが苦手だった人も、仕事を通じて多くの人々と接する中で「外向性」、「協調性」が養われたケースも多いのではと想像される。

テレビで活躍している芸能人の方々も、人前に出ることが商売であるにもかかわらず、子どもの頃は恥ずかしがり屋だったとか内向的であったというのはよく聞く話である。

筆者の場合も、大学時代、専門課程は理学部数学科ということもあって、周りの雰囲気は数学に没頭するという内向的な学生が多かったように思う。もともと、内向的ではないが（だからといってとりたてて外向的でもない性格であったが）、霞が関の中央官庁（旧経済企画庁）に就職した時は新人として実力以上に明るく、元気にふるまおうと思ったし、そうしたからこそ先輩方にすぐ覚えてもらったり、職場に早く溶け込

祥伝社新書

最新刊 2月

「久しぶりに面白い歴史書を読んだ」——磯田道史氏絶賛！

壬申の乱と関ヶ原の戦い
——なぜ同じ場所で戦われたのか

古代の「壬申の乱」、中世の「青野ヶ原の戦い」、近世の「関ヶ原の戦い」。
実は、この三つの重要な内戦が行なわれたのは、すべて同じ場所である。
この地が戦場に選ばれてきた理由こそ、日本史の謎を解くカギとなる。

東京大学史料編纂所教授
本郷和人

■本体800円＋税

978-4-396-11527-2

親日国の世界地図
——236のデータで実証

日本が世界で愛されている理由がひとめでわかる

表とグラフを駆使して、日本に対する信頼性・好感度の根拠を分析！
各国の「親日度」を数値化したところ、アジアの大半が上位を占めた。

ジャーナリスト
佐藤 拓

■本体840円＋税

978-4-396-11529-6

性格スキル
——人生を決める5つの能力

学校や職場で成功をおさめる人が備えているもの

勉強はできるのに、就職や仕事がうまくいかない人には何が足りないのか。
それが、真面目さ、開放性、協調性などの「ビッグ・ファイブ」だ。
この能力は生まれつきのものでなく、大人になってからでも鍛えることができる。

慶應義塾大学大学院教授
鶴 光太郎

■本体800円＋税

978-4-396-11530-2

むことができたことを思い出す。同じようなふるまいが、上京して東京の大学に入学した時も早く友人を見つけるきっかけになった。環境が変わった時にこそ性格スキルを変える大きなチャンスなのだ。

〈コラム７〉あがり症を乗り越えたコメディアン　萩本欽一(はぎもときんいち)氏

萩本欽一氏は１９６０年代半ばにコント55号を結成し、体当たりのコントで爆発的な人気を得た後も、70年代、80年代には「スター誕生！」などの様々な番組の司会者で活躍し、自身の数々のバラエティ番組で高い視聴率を叩き出した。視聴率を足しあげたら１００％に届くという意味で、「１００％視聴率男」とも呼ばれた萩本氏が日本を代表するコメディアンであることは疑いないであろう。その萩本氏も「私の履歴書」に登場した（２０１４年12月1日〜31日）。

その中で、萩本氏は、自分の小学生時代の性格を「気弱で優柔不断」と振り返っている。元来、「あがり症」のところもあった。コント55号を結成する以前、劇場で雑用をしながら、コメディアンの修業をしていた時期があったが、なかなか芽が出ない。しまいには、劇場に呼んでくれた演出家の先生にクビを宣告されてしまう。間に入ってくれた人がいて劇場にいられることになったのだが、萩本氏はこう心に誓う。

「僕はだめな男なんだ、才能がないんだ。優れた人はもちろん、普通の人より1歩、いや2歩下がったところから人一倍、努力しなきゃいけないんだ。光るものがないなら、誰もやらないことを地道にやって先を走る人たちをじわじわと追いかける。それしか方法がないんだと覚悟を決めた。『よし、稽古だ』と動き出した。東洋劇場で一番長い芝居はだいたい1時間。端役で舞台に立って短い台詞をこなしているけれど、先輩たちの台詞も間(ま)も動きもひと通り頭に入っている。軽演劇の生命線はアドリブ。そのパターンも分かりかけていた。朝8時に劇場に来て、誰もいない暗い舞台で1時間の芝居をひとりで演じる。毎朝休まずに続けた。『あら欽ちゃん、早いねえ』。初めは驚いていた掃除のおばちゃんも続けるうちに『あんた偉くなるよ』って励ましてくれるようになった。」

そこで思わぬチャンスが訪れる。主役の先輩が体調を崩して代役が急に必要となったのだ。しかし、誰も手を挙げない。その中で萩本氏は迷いに迷ったが思い切って手を挙げる。しかし、いざ、舞台に出ると、頭は真っ白で台詞が出てこない。緊張でコチコチ、セリフは棒読み。先輩たちにフォローされて、なんとか舞台を務めあげた。その後、支配人に呼び出しをくらう。

「またもやクビ宣告かぁ。『あの出来じゃあ仕方ないよな』とうなだれて支配人の部屋に入ると、『おお欽坊、来たか、この野郎』。思わず首をすくめると、『おまえはな、偉いんだよ、ばか野郎。人がしないことやるのは偉いんだよ。あすから月給2倍！　分かったか、この野郎』。全然分かんない。怒りながら褒めてる。大人って複雑だな、と思ったけれど、おかげで3000円の月給が6000円になった。〈中略〉　小原支配人は僕の朝稽古のことを掃除のおばちゃんに聞いた。臨時の主役に手を挙げたのも喜んでいたとか。『いつか褒めてやろう』と考えていたけれど、照れくさいから怒鳴りながらにしたのだ。」

萩本氏の話を読んでも、最初から天才なんていないとつくづく思ってしまう。成功した人間には「野心を持ち目標に向かって自分を律しながら、どんな困難があっても粘り強く責任感を持って努力していく資質」であるビッグ・ファイブの「真面目さ」を鍛える場面が就業してからも必ずあることを教えてくれる例だ。

第3節　日本的雇用システムにおける性格スキルの位置づけ

本節では、特に、日本の職場における性格スキルの役割を考えてみたい。そのためには、日本的な雇用システムと性格スキルの関係を考える必要がある。まずは、日本的な雇用システムについて簡単におさらいをしておこう。

日本的雇用システムの基本的な特徴[62]

戦後、日本の大企業・男性正社員に典型的にみられた日本的な雇用システムは、長期・継続的な雇用関係がその基本にあった。実際、企業の平均的な勤続年数は男性の場合、アメリカ、イギリスといった英語圏の国よりも長い。

すべての従業員が終身雇用であるというのは言い過ぎであるが、大企業の男性正社員の場合、新卒一括採用で定年まで同じ企業で勤め上げるというスタイルがデフォルトであったことは確かだ。ある特定の職に就くという意味での就職というよりは、特定の企業に入る、そのメンバーになることが重要という意味でメンバーシップ型の雇用システムともいえる。

こうしたメンバーシップ型のシステムの中で、仕事に対するやる気や入社した企業への定着を高め、従業員間の競争と協調を高める仕組みが組み込まれてきた。具体的には、後払い賃金（年齢や勤続年数との比例関係が強い賃金体系・制度、年功賃金）や遅い昇進（入社15年程度までは同期であまり差をつけない）である。

前者は勤続年数に応じて賃金が高まる程度が高いため、若い時は自分の生産性よりも低い賃金でも中高年になれば逆に生産性よりも高くなる。したがって将来の高い賃金を目指して頑張ろうとする。また、途中で辞めれば若い時分に損した賃金を取り戻すことができないので定年まで辞めずに頑張り続けることになるし、退職金の存在がその傾向に拍車をかけている。

日本は正社員が40代以降も年齢・勤続年数とともに賃金が上昇し続ける特異な国である。アメリカでも欧州諸国でも、正社員は平均してみれば30代後半から賃金が上がらなくなるのが普通である。

また、遅い昇進は同期は誰でも経営幹部はたまた社長にだってなれるという、いわば、鼻の先にニンジンをぶら下げて、長期の競争をさせることに意味がある。もし、途中で同期に差をつけてしまえば、落ちこぼれた方はやる気を失うばかりでなく、ライバルの足を引っ張るということもやりかねない。従業員同士の協調性にひびが入りかねないという問題が生じる。遅い昇進は従業員の競争と協調を同時に達成するという意味で巧妙な仕組みであったのだ。

さらに、日本の正社員システムに典型的な特徴として正社員の無限定性（職務、勤務地、労働時間があらかじめ限定されていないという特徴）が付け加わる。こうした無限定正社員システムは欧米諸国と比べると日本の正社員の際立った特徴である。日本では新たに職に就いても履行すべき職務の内容や範囲が明確に記されたジョブ・ディスクリプションが渡されることは稀だ。

一方、欧米の通常の正社員は日本の大企業のように数年ごとにいろいろな職務を経験するのではなく、職務限定であるのが普通であるし、それに伴って勤務地も限定されている。人事が幅広い裁量権を持って、職務や勤務地の変更、残業を命令し、それを断ることができない日本の正社員とは異なる。

もちろん、欧米でも正社員の職務範囲は上司の指示で柔軟に変更できるし、近年は、職務に幅を持たせるブロード・バンド化も進展していることに留意する必要があるが、①職務内容を明記した採用、②社内公募が主となる採用後の異動、③従業員の同意が前提の異動・転勤、は日本と大きく異なる点である。

やはり重要な「真面目さ」

以上、日本的な雇用システムの特徴をおおまかに頭に入れた上で、まず、その一つである、大企業を中心とした新卒一括採用と性格スキルとの関係を考えてみよう。特に、文系大卒ではどのような職務ができるかということは基本的には問われない。出身大学のレベル・偏差値である程度、「地頭」というべき認知スキルでおおまかに絞り込めば、後は性格スキルにより焦点を当てた採用を行っていると考えてよいだろう。

これは第1章でも論じた通りだ。長期雇用という視点からは、従業員の定着性や企業へのコミットメントがなによりも重要となる。困難にあっても目標に向かってやりぬく力、勤勉性といった「真面目さ」が長期・継続雇用を大きな特徴である日本的雇用システムでは特に重要になることがわかるであろう。

また、「就職」よりもどこの企業に入るかという「就社」が重んじられ、運命共同体、同じ釜(かま)の飯を食う仲間になるというメンバーシップ型雇用システムでは、際立った能力を持つ人材よりも組織風土にマッチして、仲間とうまくやっていける人物を採用した方が無難と考えがちだ。さらに、無限定正社員システムの下で、正社員の職務があいまいであるということは同じ部門、異なる部門にかかわらず他の従業員とのコーディネーションが不可欠であることを意味する。

仕事がはっきり切り分けられていて、自分の仕事が終われば「お先に失礼」と言って帰ることができないのが日本企業だ。こうなると従業員同士がインタラクト（交流）する際に関係してくる、性格スキルのビッグ・ファイブの中でも「協調性」、「外向性」、「精神的安定性」が欠かせなくなってくる。

第2章でみたように、アメリカにおける研究では「協調性」はむしろ管理職への出世にはマイナスという研究もある。また、やはり、第2章で紹介した大竹文雄氏らの研究では、日本の場合、男性については、年収にプラスに影響するが、アメリカの男性、女性にはマイナスの影響を与えており、両国の雇用システムの違いを反映していると解釈できよう。

これまで就職活動においては人間力、社会人力といったどちらかといえばあいまいに語られてきた能力についても、ビッグ・ファイブを中心とした性格スキルからとらえ直すと、企業がどのような能力を求めているかもかなり明確になる。そして、これまでの日本的な雇用システムの特徴を考えれば、日本企業は海外企業よりも「真面目さ」、「協調性」に対する要求は高いと考えてよいだろう。

ＯＪＴと性格スキル養成の関係

また、日本企業では、特定の職務をこなせることを前提に採用されていない分、就職してからのＯＪＴ（On-the-Job Training、オンザジョブ・トレーニング、日常の業務につきながら行われる教育訓練）が重視されてきた。例えば、厚労省の調査（能力開発基本調査）では、ＯＪＴとＯＦＦ－ＪＴ（Off-the-Job Training、通常の仕事を一時的に離れて行う教育訓練）を比較すると、前者の方をより重視する対象企業が四分の三と大部分を占めている。

ＯＪＴも単に仕事を覚えるだけではなく、特に、若手を鍛えながら、性格スキルを伸ばすプロセスも多分に含まれていたと考えられる。その意味で非常に理にかなった人材育成の手法といえる。日本的雇用システムの文脈でＯＪＴを語る場合、通常、その企業でしか活かすことのできない企業特殊的なスキル（特定の企業で求められる固有のスキル）への投資を促進することが強調されてきた。しかし、企業特殊的なスキルは、近年では、むしろ、従業員の転職などを通じた労働市場の流動性を低める要因になってきたと、批判されることもあるようだ。

身に着けたスキルがどこまでが企業特殊的か、どの企業でも通用するような一般的なスキルなのか必ずしも明確に区別することは実は難しい。ＯＦＦ－ＪＴの典型はＭＢＡコースで学んだスキルなどであるが、ＯＪＴの典型はその企業独自の会計や生産システムを使いこなすスキルが挙げられる。

しかし、後者については、もちろん他社と違う部分はあったとしても１つのシステムを使いこなすことができれば、別のシステムを覚えるのはたぶん容易であろう。長期雇用を前提としたメンバーシップ型の雇用システムの中では、企業特殊的なスキルがメインであり重要であると勝手に思い込んで、それを前提に議論されていたふしもあるようだ。

一方、ＯＪＴで鍛えられた性格スキルは当該企業だけでなく、他の企業で働く場合でも役立つスキルである。したがって、**性格スキルを鍛えるという立場からは、ＯＪＴの重要性はむしろ依然として高い**といえる。

しかしながら、近年、企業の中ではＯＪＴに十分時間や労力を割くことが難しくなってきているようだ。日本全体でみても、人的資本への投資額は90年代から減少傾向にある。非正規社員の増加で、正社員の人員に余裕がないし、企業を取り巻く環境の不確実性が増しているなかで、労使ともに教育訓練やスキル取得を含め長期的なコミットメントを行うことが以前に比べて弱くなっているからだ。したがって、長期的な視点でＯＪＴを行い、じっくり人を育てるのも難しくなっているといえる。

転勤と性格スキル養成との関係

また、無限定正社員の特徴として前述のように転勤が挙げられる。正社員の場合、エリア限定の採用でない限りは通常、転勤命令は受けなければならない。これまでこうした働き方は日本の正社員としては当たり前であったが、子どもの転校、家族の交友関係、親の介護などの継続が難しくなるといった家族の犠牲の上で成り立っていたし、それを避ける場合は、本人が家族と離れて単身赴任するなどワーク・ライフ・バランスの観点からは問題が大きいことが、最近つとに指摘されるようになってきた。

転勤については本人の家族の状況や本人の希望が十分尊重されるべきであるが、転勤は日本の雇用システムの中でそもそもどのようなインプリケーションがあったのか再考することも重要だ。これも性格スキルの観点から考えるとわかりやすい。

日本の大企業の場合、定期的な異動（2～3年ごと）を通じて、企業の様々な部門や職務を経験することで幅広いスキルを身に着け、それを繰り返しながら昇進していくプロセスが普通だ。

筆者はそうしたスキル形成・昇進システムを「らせん階段方式」と呼んでいる。同じ部門、同じ職務を行いながら通常の階段を上るようにまっすぐ上に昇進するのではなく、ぐるぐるとらせん階段状にいろいろな部門、仕事を経験しながら上のポストに出世をしていくのが普通であるからだ。

このように考えると、同じ異動でも転勤を伴う異動は、スキルや職業能力の形成において通常の異動とは異なる重要な役割を果たしてきたとしても不思議はないであろう。なぜなら、転勤によって本人の仕事・生活環境は大きく変わるためだ。仕事の内容もさることながら人間関係も一から構築する必要があるとともに、生活面でも大きな変化に対応する必要がある。海外への転勤であればなおさらである。

先に、就職というタイミングが性格スキルを大きく伸ばす良い機会であることを述べたが、それとまったく同様の効果が転勤の時も生じると考えればわかりやすいであろう。

実際、労働政策研究・研修機構の調査（「企業における転勤の実態に関する調査」（2017年）によれば、企業の側も転勤の狙いを人材育成と考えている割合が7割弱と、人事のローテーションや処遇、適材適所と考える割合よりもかなり高くなっている。また、従業員側も、現在の会社において転勤で職業能力や人脈形成の機会が向上していると答えた割合は7～8割超とやはり高い。加えて、直近の転勤経験に限ってみても、職業能力が高まったと答えている割合も7割を超えており、特に、海外転勤の場合は国内転勤よりもその割合はさらに高くなっている。

こうした職業能力の変化が、どこまで性格スキルの向上と結びついているかは興味があるところだ。実際、国内、海外転勤とも仕事の内容は変わる場合が多く、難易度は高まる傾向にある。また、海外転勤の方が国内転勤よりも役職、仕事の難易度が上がる割合が高くなっている。したがって、職業能力が高まっているのは仕事の内容・質が変わっている部分も影響していることは否定できないであろう。

ただし、注目すべきなのは、国内転勤、海外転勤ともたとえ役職、仕事内容、仕事難易度が変わらないような場合でも、転勤を経て職業能力が上がったと感じる割合の方が、そうでない割合よりもかなり高くなっていることだ。つまり、仕事の内容・質以外の要因で職業能力が上がっているとすれば、これは**性格スキルの向上を通じて職業能力が高まっている可能性**を示唆する結果といえよう。

例えば、本社から地方などへの転勤の場合、本社よりもリーダーシップを発揮する役割を担う場合が多いが、これは転勤が、性格スキルを含め将来管理職になるために必要な様々なスキルを養成していると考えられる。イノベーション、競争環境など企業を取り巻く環境は予想以上に大きくかつ急速に変化をしている時代にあって、どんな環境の変化、不確実性にでも対応していける粘り強さ、柔軟性、困難を乗り越えやり抜く力が求められている。これは性格スキルでも「真面目さ」の範疇に入る力がとりわけ重要だし、それが鍛えられると考えていいだろう。

以上をまとめると、転勤に伴い、仕事の難易度が上がり、よりリーダーシップを要求される役職を任されることも多い。そうした実質的に求められる職業能力の変化とともに、新たな環境や苦労の中で粘り強く適応していく「真面目さ」が求められるし、養われるといえる。また、新たな人間関係を構築しなければならないという意味では、「協調性」、「外向性」もより求められることになろう。このように無限定正社員の転勤が、性格スキルを鍛えるという側面があったことは認識する必要があろう。

長時間労働と性格スキル養成との関係

官民通じて働き方改革が大きな盛り上がりをみせている。その中でも目玉は長時間労働の抑制である。政府もこれまで及び腰であった罰則付きの時間外労働の上限規制を導入する予定だ。これ自体、歴史的な改革ではあるが、企業の50代以上の人事担当者と話をすると複雑な心境もあるようだ。

それは、長時間労働が若手を鍛えるという側面もあったからだ。精神的・肉体的にぎりぎりのところに追い込まれる中で責任を持ってやりとげることがやはり、性格スキルの「真面目さ」の範疇に入る力を伸ばし、自分自身も「一皮むける」経験をしてきたという自負もあるのであろう。したがって、現在の企業の幹部には自分の過去の成功体験から「長時間労働は必ずしも悪でない」と考える人も少なくないと思われる。

例えば、「明日の朝までにこの仕事を仕上げてくれ」と部下に命令する。かつては若手を鍛える常套（じょうとう）手段であった。急に言われても動揺せず、徹夜をしてもあきらめず、やり遂げられる力を養うという意味合いがあったように思われる。急に翌朝まで仕上げろという命令は確かに「無茶振り」ではあるが、逆に、部下の方はそういう可能性があれば、急にどのような仕事が来ても対応できるように日頃から準備しようとする心がけを植え付けられた面もあろう。

性格スキルへの逆風——ブラック企業、パワハラ

このようにみてくると、日本的な雇用システムの中で性格スキルを鍛える側面は、随所に盛り込まれていたと評価できよう。しかしながら、企業を取り巻く環境の変化の中で以下のような点を考慮する必要がある。

第一は、90年代後半以降、成果主義が広まり、評価者としての上司の役割が強調されるほど、教育者としての上司の役割が弱くなってきていることだ。そうなれば、性格スキルを高める機会は減ってしまう。徒弟制度の親方は頑固でとことん厳しいイメージがあるが、そのような上司は今では「天然記念物」ではないか。職場で性格スキルを高めるという視点も弱くなった印象を受ける。

それに加え、近年ではブラック企業とかパワハラという言葉が、そうした傾向に拍車をかけているようだ。若手、部下の性格スキルを鍛えることを念頭においても、それが安易にパワハラと解釈される可能性もあるので、上司もそういう指導はやめておいた方が無難だと思っても不思議ではない。性格スキルはやはり精神的な部分にまで入り込んでいくだけに、本人への愛情や信頼がなければ、単なる「しごき」や「いじめ」に変質してしまうことにも十分配慮が必要だ。

第二は、無限定正社員システムにおける過度の長時間労働や転勤は、本人や家族の生活の犠牲を前提に成り立っていたことだ。したがって、こうした仕組みを利用して性格スキルを鍛えるには限界があることも認識すべきだ。本人の健康や心の管理、家族も含めた生活とのバランスに十分気配りしながらも本人の性格スキルを伸ばしていくことが大切だ。長時間労働や転勤といった無限定正社員システムを見直すのは働き方改革の根幹であるし、時代の流れ・要請でもある。

ただ、長時間労働や転勤を否定するだけで、他は何も変えないのであれば、それに付随（ふずい）していたメリットも同時に流されてしまう。まさに「産湯（うぶゆ）とともに赤子（あかご）を流す」がごとしになってしまう。転勤や長時間労働に頼らずに、企業の中でどう性格スキルを伸ばしていくのか。企業の人事部は大きな課題をつきつけられているといえよう。

第4節　性格スキルを鍛える職業教育・訓練

これまで職場の中の仕事の一環で、いかに性格スキルを伸ばすかをみてきた。一方、本節では、よりフォーマルな職業教育・訓練のあり方について考えてみたい。これまでの議論で明らかになったことは、性格スキルを伸ばすためには、仕事に直接必要なスキルと合わせて職場で身に着けることが重要ということだ。そうであれば、これから就業する若者や失業者に対する職業教育・訓練は、必ず職場での実際の経験をベースにしたプログラムが有用となろう。

その中で性格スキルを教えれば、逆に、これまで家庭の事情でハンディキャップを背負ってきた若者に対し、彼らが家庭や高校では得られなかった「真面目さ」などの性格スキルを、規律ある指導を通じて与えることができる。実際、海外における青年期の就業を目指した介入プログラムをみると、認知的・学問的な学びを中心としたものよりも、性格スキルの向上を狙ったものの方が効果は大きいことが明らかになっている。

教室でただ先生の講義を聴くといった座学だけの職業教育訓練は、効果がないことがしばしば指摘されるが、これも性格スキルの役割を考えれば納得がいく。本節では まず、職場での実践を含めた取り組みの代表例として、ドイツなどの欧州で一般的な職業実習制度（デュアル・システム）を紹介してみよう。

職業実習制度（デュアル・システム）の効果と性格スキル

現在の徒弟制度である職業実習制度＝デュアル・システムは仕事を行うことによる学び、教室での学びという2本立てで、3～4年くらい継続する非常によくオーガナイズ、工夫されたカリキュラムに基づいている。週に3～4日は職場で仕事を行いながら、知識を得たり、生産に携わり、そのレベルは徐々に複雑に難しくなっていく。実習生は、メンターでもある訓練者と一緒に働きながら必要となる職業上の熟練を得て、外部機関からそのお墨付き（技能の証明）を受けることになる。

実習は職業上のスキルのみならず、性格スキルや働くために根源的に必要なスキル

（これらは職業によっても若干異なってくるが）を身に着けていくことになる。こうした実習制度がポピュラーなのは、大陸欧州ドイツ語圏のドイツ、スイス、オーストリアであり、若者の55〜70％が利用している。実際、欧州でこうした実習制度に参加する収益率（実習制度参加による賃金増／実習制度における一人当たり投資額）は10〜15％と高く、実習生の7割は訓練の直後、正社員に転換しているという分析がある。

また、オーストリアで破たんした企業を対象に、実習生の間で実習の期間に差がある（破たんで実習期間が短くなっている実習生もいる）ことを利用して、3〜4年の実習制度の利用はそうでない時に比べて賃金は12〜16％高いことを示した研究もある。[63]このように実際に就業する機会を得て、そこで成果を発揮するという観点からは、一定の高いパフォーマンスを示しているのだ。

アメリカにおいてもこうした職業実習制度は行われている。ワシントン州における様々な職業教育・訓練プログラムを比較した分析では、職業実習制度の方がコミュニティ・カレッジで行われる訓練などよりも収益率が高いことがわかった。[64]また、より最近の研究ではアメリカの10州について、やはり、職業実習制度への参加により賃金が明確に上昇することが示された。[65] 具体的には、職業実習制度を受ける前に同じような経歴であった人同士を比べると、実習制度を受けた人の方がそうでない人に比べ、6年後（平均的な実習期間）の賃金は40％も高くなるという大きな効果が見出されている。

欧州では若年失業の問題が深刻だが、ドイツ、スイス、オーストリアなど徒弟制度に起源を持つ職業実習制度が機能している国々の若年失業率が、低くなっている。また、２００８年からの大不況でも、それほど若年失業率が上昇しなかった。このように、職業実習制度を持つ国々で若年失業の問題が比較的深刻ではないのは、職場での性格スキル形成と関係があるといっていいだろう。

なぜ政府の職業教育・訓練政策が成果を挙げられないのか

性格スキルは政府の教育訓練政策に対しても、大きなインプリケーションを持つ。例えば、世界的にみても若年者や未熟練労働者、失業者への教育訓練政策が必ずしも成果を上げていない理由も、性格スキルという視点を持てば明白といえる。

英財政問題研究会のバーバラ・シアニージ氏は、スウェーデンを対象に、失業者が新たな職を見つけるために最も効果的な方法は、民間に補助金を与えて正式な職員として雇い入れるようなプログラムであり、企業外でのフルタイムの授業による訓練は、何もプログラムを受けない失業者よりも就職する確率、がむしろ低下することを示した[66]。これは実際に企業で責任を持って働くことが性格スキルの向上をもたらしたと解釈できるし、実際に企業で就業することこそ失業者にとって最も重要な職業教育・訓練政策であるといえよう。

一方、日本の職業訓練政策に目を転じると、1960年代までは、むしろ、日本的な雇用システムの特徴とは相いれない政策が追求されてきた。具体的には、欧米型の企業横断型職種別労働市場が標榜(ひょうぼう)され、こうした外部労働市場志向を前提にどの企業でも通用する、つまり、社会的通用性を持つ技能取得を目指した公的教育訓練政策が追求されてきた。

転機は70年代初頭の石油危機であった。企業が企業内部の雇用維持を最優先にすることで、この時期に日本的雇用システムが完成することになる。これまでずれのあった職業訓練政策がここにきて、企業内教育訓練に財政的援助を行うように転換をしていった。その意味で、雇用システムと教育訓練政策がやっと、整合的・補完的な関係になったのである。

1990年代初頭、バブル経済崩壊以降、職業教育・訓練政策は、それまで主流であった企業内教育訓練へのサポートから「自己啓発」をキーワードにした自発的能力開発にシフトしていった。その代表例が98年に創設された、労働者が自ら受講する教育訓練費用の一部を負担する、教育訓練給付制度である。この制度は当初、教育訓練費用の8割を支給するというかなり手厚い支援であったため、逆に語学学校費用やパソコン購入などに集中して、必ずしも効率的に使われなかったのではないかという批判も生んだ。

2000年代に入ってからは、「キャリア」（経歴、職歴といった一生にわたる一連の職業上の活動や行為）が新たなキーワードになり、キャリア支援形成にシフトしていくことになった。そうした変化には、労働移動が活発化する中で職業能力の蓄積を個人の財産とし、職業キャリアを保証していく法的枠組み（キャリア権）が重要とする考え方も強く影響していたようにみえる。

このように政府のこれまでの職業教育・訓練政策を概観すると、必ずしも現実の雇用システムの状況と合致していなかったことが問題点として挙げられよう。90年代以降、日本的雇用システムの見直しが叫ばれてきたが、こと正社員については賃金制度を除いてはそれほど大きな変化を経験してきているわけではない。

正社員の仕組みがこれまでの無限定正社員システムから職務、勤務地、労働時間が限定されるジョブ型正社員が中心となる仕組みへの転換が起こってきているのであれば、「自己啓発」や「キャリア」をキーワードに職業教育・訓練政策を見直すことは正しい方向であろう。

しかし、現実が必ずしも変化していないにもかかわらず、ありうるべき姿を想定しそこに先走り過ぎていたのが、これまでの政府の職業教育・訓練政策ではなかったか。もちろん、そこには、これまで強調してきた、性格スキルを鍛えるという視点は残念ながらまったくなかった。

また、リーマン・ショックの後、「派遣切り」に象徴されるように非正規雇用が大きなしわ寄せを受けたことに端を発し、２０１１年には雇用保険を受給できない失業者に対して国が支援を行う「求職者支援制度」が設立された。これは職業訓練によるスキルアップを通じて早期就職を実現するために、対象者が職業訓練を原則無料で受講できるとともに、一定要件を満たせば、訓練期間中月10万円の給付金を受け取ることができる制度である。

ＰＣスキルやビジネスマナーなど、企業で働くための基本を学べる「基礎コース」と、ＩＴや介護、簿記といった専門的なスキルを身に着けられる「実践コース」がある。期間はコースによって異なるが、３～６カ月ほどで、授業のスケジュールは、通常の学校と同じように、平日９時～16時まで、50分×６コマというように組まれることが多い。

しかし、これをみてもわかるように訓練講座は、座学であり、その質の低さや出欠が過度に重視されているという問題点も指摘されてきたところである。就職に必要なコミュニケーション能力等のヒューマンスキルを含めた能力の育成も重視されているが、性格スキルを職場の実践を通じて学ぶということが決定的に欠けているのである。

日本版デュアル・システムの登場

一方、2004年度から欧州の職業実習制度を見習い、日本版デュアル・システムがスタートした。日本版デュアル・システムとは、企業における実習訓練と教育訓練機関における座学（企業における実習訓練に関連した内容）を並行的に実施して、「働きながら学ぶ、学びながら働く」ことにより若者を一人前の職業人に育てる新しい職業訓練システムだ。

しかし、成人を対象にした厚労省管轄の日本版デュアル・システムは実施主体によって訓練期間が大きく異なる。民間の専修学校等が委託訓練を受け持つ場合は、座学3カ月、ＯＪＴ1カ月といったように、実際の職場で性格スキルを鍛えるところにはなかなか至っていないのが現状だ。訓練生のＯＪＴを受け入れる企業には補助金が支給されるが、まだまだ企業の負担が重いことは確かである。

より一般的に職業教育・訓練政策を概観すると、欧米も含め必ずしも期待される効果を挙げていないというのが経済学の世界ではほぼコンセンサスとなっている。したがって、そもそも職業教育・訓練政策に過度な期待をかけるのは危険であり、体系的に政府の介入を大きくすることが最適な政策とはいえない。

その一方で、職業教育・訓練政策が機能してこなかった背景には、職業教育・訓練政策が日本の例をみてもわかるように、あまり性格スキルに着目してこなかったためと解釈できるかもしれない。やはり、実際に、企業内で責任ある仕事を任されることで、性格スキルを含めた多様なスキルの向上を図ることが重要である。今後、日本においても、職業教育・訓練を含め幅広い分野において性格スキルの重要性を認識し、その向上を人材育成の柱の１つに据えるべきであろう。

〈第4章・注〉

＊62　例えば、鶴（2006）、鶴（2016）参照。

＊63　Fersterer, Pischke and Winter-Ebmer（2008）

＊64　Hollenbeck（2008）

＊65　Reed, Yung-Hsu, Liu, Kleinman, Mastri, Reed, Sattar, and Ziegler（2012）

＊66　Sianesi（2008）

第5章 性格スキル向上への挑戦

――少人数大学教育（ゼミ）の現場から

第1節　ゼミを始めるに当たって考えたこと

教育に「正解」なし

本章では性格スキルを鍛える実例として筆者が勤務する大学での研究会、つまり、ゼミの取り組みを紹介することとしたい。筆者は、2012年から慶應義塾大学に専任で勤務し、大学教育にも本格的に携わることになった。それまで大学院では慶應を含む数校で授業を担当した経験があったが、学部（商学部）の少人数のゼミを担当するのは初めてであった（ちなみに、ゼミの研究分野は比較制度分析〔資本主義経済の中で、なぜ多様な制度が生まれるのかを理解することを目指した経済学の一分野〕である。2018年1月現在、14人のゼミ生が在籍しており、週2で授業が行われている）。

筆者の出身は理学部数学科であったので、ゼミといっても4年生の1年間、自分を含めて2人、毎週、交代でプレプリントの教科書を発表し、コメントするだけというとてもシンプルなものだった。卒論もなく、文系のゼミがどのようなイメージで行われるのか皆目見当がつかなかった。幾人かの同僚の先生に聞いて、基本的なイメージはできたものの、何が望ましいのか、どうあるべきかを考えると「もやもや」が残ったことを思い出す。

大学の授業というものは、そもそもというか当然のことながら指導要領もなく、教員の裁量に任されている。授業のやり方で「後ろ指」を指されるようなケースは、極端にいえば、基本的にないのだ。そのため、標準化、マニュアル化、ベストプラクティスの収集・周知ということには小・中・高校、塾、予備校と比べても最も遠いところにあるといえる。そうであれば、各教員は自分が受けてきた大学等の時の経験を頼りに行うしかない。

このように、霞が関、国際機関、研究機関を経て、以前から非常勤での講義の経験はあったものの、専任で大学教育を担当することで初めてわかったことは、教育にもあらかじめ与えられた「正解」はないということだ。

教える側からすれば、それは誰かから教わるのではなく、自分で「正解」を求めて悪戦苦闘する、それでも永遠に「正解」にたどり着くことはないのだろうが、その悪戦苦闘するプロセスそのものこそ教育ではないかと思い当たるようになった。

本章では性格スキル取得の実践編として、個人的な経験であるが、こうした試行錯誤の経験を紹介してみたい。したがって、自分のゼミの取り組みが素晴らしい、理想的であるから是非紹介したいなどとはまったく思っていないことを読者の皆様にご理解願いたい。

学問の習得と性格スキル習得の向上は両立する

大学教育に従事するに当たってまず考えたことは、大学というのは高度な学問を体系的に学ぶ場であることはいうまでもないが、学生を社会へ送り出す重要な責任を負っていることから逃げてはいけないということだ。小学校から高校までの教育は基本的に、より上級の学校に進むための準備という性格が強い。もちろん、職業高校などは例外であるが、社会との接点という意味合いが一番強いのが大学であり、それがそれまでの教育段階と異なる点であろう。

このように考えると、これまで論じたように性格スキルを研究対象としてきた身にとっては、大学は学問を教えるだけでなく、性格スキルを伸ばし、鍛える場であるべきではという思いが強くなってきた。その際、問題となるのは、学問の習得と性格スキル向上との関係である。これまでみてきたように認知スキルと性格スキルは必ずしも代替的ではなく、補完的な部分もある。つまり、学問を習得することと性格スキルを分けて考えてはいけないのだ。

このため、「学問の習得・探求と性格スキル向上は両立する。大学はひとりよがりな『学問』を教え、『弟子』を作る場でもなければ、就活のための『予備校』でもない。大学でやるべき学問を追求することで性格スキルは伸ばせる」。このような思いを胸に秘め、ゼミをやってみようと決意したのである。

性格スキルの中でもこれまでみてきたように「やり抜く力」、「規律」といった概念も含む「真面目さ」を鍛えることが最も重要となる。しかし、これは例えば、学生に「こういう性格スキルが重要だ」と説教をしても伸びるというものではない。むしろ、結果的に伸びるという環境が重要だ。

第2節　性格スキルを伸ばすためのキーワード――「成長」

それでは、具体的にどうすれば良いのか。大事なことは、大きな目標設定と方法論である。何を目指すのか、それをどのように達成するかという視点である。

ゼミの目標設定は「成長」というキーワードで考えた。他人と比べて優れている、劣っているということではなく、**「これまでの自分と比較してどの程度、成長したか」**を問うというコンセプトである。つまり、他人と比較するのではなく、過去の自分との比較である。

他人との比較であれば、「どうせ自分は生まれつき頭が良い誰々にはかなわないよな」と簡単に言い訳ができてしまう。しかし、比較の対象が自分自身になればそういう言い訳はいっさいできなくなる。自分が努力するところに追い込む手段として「成長」というキーワードは大きな力を持つと考えた。

また、成長したかどうかを第三者が判断するのではなく、自分自身が実感すること、また、実感できることが大切な点だ。そうした成長体験を持つことこそが「真面目さ」という性格スキルを身に着けることにつながるからだ。他人の評価ではなく自分自身で確信し、納得することで初めて成長体験が血となり、肉となる。それでは、「成長」を実現するために何が必要か。

本当の「自分」の姿をみつける

第一は、認知スキルでも性格スキルでもよいが、自分のレベルを正しく理解することである。今の自分と将来の自分のレベルを自分で正確に認識できなければ、自分自身で成長を確かめることは不可能だ。問題はプライドが自分の本当のレベル、すなわち、未熟さや無知を知ることを邪魔していることだ。成長は「自分はたいしたものではない」と認識・理解することから始まる。「無知の知」といってもいいだろう。

ある種、「底」にたどり着けば、あとは「浮上」するだけで成長は難しい話ではない。しかし、自分の「プライド」が邪魔して自分の本当の姿を見失っていれば、いくら頑張っても達成感を得ることは難しい。「ちっぽけなプライド」を完膚(かんぷ)なきまでに粉砕することがなにより大切だ。

このため、**「わからないのにわかったふりをするな。わからないことは決して恥ずかしいことではない、わからないことをごまかすことが一番恥ずかしい」**ということを理解してもらうことがまずゼミの第一歩と位置付けた。

それは自分から逃げずに自分と向き合うことをも意味する。自信をなくしたり、劣等感に悩むということではない。他人のアドバイスも受け入れながら自分と向き合うためには、根底で素直な気持ちを持つことが何よりも大切だ。飾らない素直さを持ち、自分をごまかさず、自分から逃げずに自分と正面から正直に真摯に向き合う心を持つことで、成長する環境が自然と整うと考えられる。

第二は、**自分の成長にあらかじめ「線」を引かない**ということだ。素直に自分と向き合う心構えが成長していくための第一歩になるが、大きな成長をするためには成長に「天井」を設けてしまうような要因を取っ払うことが必要となる。

これは秀才、優等生に多いのだが自分で自分に「線」を引いてしまう学生がいる。「これぐらいやれば成績はA（優）を取れるからこの程度でいいや」と考えてしまうタイプである。それでは成長はおのずと制約され、達成感も十分とはいえない。自分で「線」を引くことは自分で限界を作っていることと同じことだからだ。圧倒的な成長を目指すためには、自分の取り組みに「線」を引いてはいけないのだ。

第3節　職業人生に必要なことがすべて詰まっている　プレゼンテーション

なぜ、プレゼンテーションが重要なのか

次に、成長を実現するための方法論を考えてみたい。学問、勉強に一生懸命取り組むことで性格スキルを伸ばすことは可能なはずだが、そこで問題となるのはどういう方法論をとるかということだ。

ゼミで最も重要視しようと思ったのはプレゼンテーションである。何かを完全に理解しているかどうかを確かめるためには、人前でそれを説明することが最善の方法である。実際、自分は理解していると思っていても、人前で話すことで実はあいまいな

理解であったことがわかる場合が多い。

また、プレゼンを行った後、質問に応答したり、議論することでさらに内容を深めることも可能だ。そのプロセスを通じて自分がどの程度頑張れたのか意識できる。もちろん、他人からの評価も受けることでその客観性も高まる。達成感を感じることができるという意味でも「やり抜く力」を鍛えることができる。

報告の内容を完璧に理解するという意味でプレゼンテーションを行うことは有用であるが、それだけが目標ではない。聞いている人に伝えるためには、自分の理解を超えて聞く人側に立って考えるという配慮が必要だ。また、質疑応答を人前でスムーズに行うためにはある種の度胸、精神力もなければいけない。思ってもみない質問を受けて、頭が「真っ白」になりしどろもどろになることは社会人になってもよくあることだ。そうした胆力(たんりょく)を養うことも大切だ。

さらに、プレゼンテーションの資料の提出に当たっては、プレゼンの前日の17時までに全員で共有することを厳格なルールとしている。もちろん、これが守れなければゼミの運営に支障が生じるわけではない。しかし、これもしっかり守ることが「真面目さ」、「自己規律」といった性格スキルを養うことになる。

「真面目さ」を高める取り組みと「開放性（好奇心）」を高める取り組み

ゼミでの内容的なことを言えば[67]、学問を徹底的に身に着けるためには、１冊の教科書をすみずみまで完璧に理解するということがまず最低限必要だ。比較制度分析・応用ミクロ経済学を標榜（ひょうぼう）しているゼミということで、ゲーム理論・情報の経済学の日本語の教科書と、欧米のＭＢＡコースで使用されている英語の教科書（経営者のためのミクロ経済学、組織の経済学）の２冊を教科書としており、２年間をかけて細かい部分を含め徹底理解を目指している。こうした取り組みは性格スキルの「真面目さ」の習得に役に立つと考えられる。

一方、ゼミでは、現実の経済社会の接点を重視し、時事問題に強くなるためにも、日本経済新聞の「経済教室」（朝刊で平日掲載される、有識者が３０００字弱で書く政治経済の論考）とイギリスの週刊誌「Economist」をプレゼンの題材として取り上げている。いずれも社会人、ビジネスマンでさえも読みこなすことは難しく、学部学生にはハードルが高いのは事実だ。

昔であればこうした教材は使うことができなかったかもしれない。しかし、今は何でもインターネットで調べることができる時代であるので、自分の好奇心に任せてわからないことを理解するために、必要なことを徹底的に調べることが可能である。

必要な知識や手法を一つ一つ積み重ねながら理解できることを目指した教科書は、学生が取り組みやすいことは事実だ。しかし、社会に出ればまったく知識がない分野も速習して、いっぱしの専門家のごとく対応しなければならないケースも出てくる。前提となる知識がなくても、理解していくために必要最小限な知識をゲリラ的に得ていくといった、がむしゃらな姿勢も必要だ。

その際、自分の取り組みに「線」を引かず、好奇心に任せてどこまでも調べて、探究することも可能だ。そうすることで、ビッグ・ファイブの中の1つである「開放性（好奇心）」を養うことができる。もちろん、質の高い情報を選別していくという課題はあるものの、インターネットは大人になってから伸ばすのが難しいとされてきた知的好奇心などの「開放性」を伸ばしていく上で、かなり革新的な役割を果たしつつあると考えられる。

第４節　どんな想いを抱いてゼミに入ってきたのか

　このような取り組みをすることによって、ゼミ生にどういう変化が起こったのか。ここでは教員としての評価や印象を語るよりも、卒業していった元ゼミ生の声を紹介したい。ゼミ生には４年生最後のゼミで、それまでのゼミでの自分の取り組みの振り返りを簡単に紙にまとめてもらうとともに、全員の前で一人一人発表してもらっている。ここではそこから主に引用しながら彼らの変化について述べたい。

　まず、彼らがゼミで何を学んだかということを述べる前に、どのような想いや目標を持ってこのゼミに入ってきたのかについて触れてみたい。最後の時になってどのような想いでこのゼミを志望したのかということについて赤裸々(せきらら)に語るゼミ生も多い。

人前でしゃべれるようになりたい

まず紹介したいのは、プレゼンが多いゼミということで人前で発表をしたり、自由な意見を言うのが苦手なことを克服したいという強い気持ちだ。以下は、元ゼミ生の声である（元ゼミ生の「ゼミ振り返り」などからそのまま抜粋）。

「プレゼンに関して言うと、自分は元々多くの人の前で喋（しゃべ）る機会がほとんどなく育ってきたからか（自然と避けてきたのかもしれません……）、プレゼンがすごく苦手な方でした。英語に関してはそもそも会話をする機会がなかったので更に苦手です。」

「このゼミを志望した一番の理由は、昔から抱えている『注目されることが大の苦手』という自分の嫌いな部分に向き合うためでした。昔から人前に立つのが異常なほど苦手で、高校や大学で克服を試みたもののだめで、でもやっぱり克服したく、発表機会の多いこのゼミで何とかしたい思いが強くありました。」

「発言なんて一度もしたことなくて、みんなに気を配る余裕もありませんでした。それでも唯一勇気を振り絞って意見を言ったら、わけのわからないことを言ってしまい、プレゼンターだった同期にフォローされるという結果に。でも、今考えるとそれが私の『変わりたい・成長したい』という気持ちの表われの最初の一歩だったのかなと思います。」

もちろん、こういう気持ちを持って入ってきたことはゼミ在籍時に指導教員である私も知ることになるのだが、自分の弱い部分から目をそらさず、諦めず、粘り強く取り組む姿に教えられることも多かった。

成長に「線」を引きたくない

第二は、自分の成長、努力に「線」を引きたくないという気持ちだ。また、これまである程度要領の良さでやってきて、必要最小限のことしかやらない自分を変えたいという気持ちだ。まさに、性格スキルの中でも「真面目さ」、「やり抜く力」を得たいという思いを胸に秘めゼミに入ってきたということになる。実は、前述した「成長に『線』を引かない」というコンセプトは以下のように、ある1期生から教えられたことだ。

「ゼミに入るにあたり意識していた1つは境界線を決めずに一生懸命に取り組むことでした。当時は、とにかく成長したいという欲求がとても強かったのを覚えています。大学に入る前までは、常に忙しく毎日に追われていましたが、大学に入り、まったりした生活を過ごしてきたことに段々飽きてきたのかもしれません。そのため、これまで勉強にしてもスポーツにしても、ある程度で満足していた状況を変える、良い成長の機会としてゼミに取り組もうと考えていました。」

そうした取り組みに共感して志望してくれた人もいる。

「今まで私は全力を出し切った経験というのがあまりなく、何でも時間と労力をかけずにほどほどにこなすという癖がついていました。悪い結果が出たとき、後悔する原因になったり、もっと頑張っていればできたという逃げ道になったりしていました。そういう自分の子どもっぽい部分を変えて、頑張ったと思えることをつくりたいという思いがあったと思います。」

「このゼミを選んだのは『自分の活動に線引きをしない』というキャッチコピーに、魅力を感じたからです。恐縮ですけども、『人並み程度のモノ』をそこそこの効率で作る、ということが自分はそんなに苦手ではありません。ところがめんどくさがりを極めすぎてしまい、それ以上のために努力し『続ける』モチベーションが、どうも欠けています。そうやって自分の活動に対して必要最低限以上を求めない考え方を、周囲から『どうしていつもそうなんだ』と言われ、自分でも改めるべきかも……と感じていたので、ゼミで自分は変わろう！　という意気込みを持ちゼミ活動をスタートさせました。」

中途半端な自信やプライドに別れを告げたい

第三は、自分の中途半端な自信やプライドに別れを告げたい、粉砕したいという気持ちだ。

「私がゼミを選ぶときに決定的だった先生の言葉は、『みなさんには、たくさん恥をかいてもらいたいと思います』というようなニュアンスのものでした。中途半端に自信と不安を持ったその時の自分には、一番必要なことだと感じました。また、恥をかくということには、人の言葉を聞き入れる素直さも含まれていると思います。もし、これくらいでいいだろう、と自分で基準を作って現状に満足してしまうと、他人から指摘されたとしても聞き入れる気にならないし、成長の余地もなくなってしまいます。このようなことを、ゼミ活動を通して学生に伝えようとされている先生を見て深く共感したとともに、ゼミで先生やゼミ生とともに学ぶことが、自分の根っこを整える最後のチャンスだと思いました。」

第5節　ゼミで得たものは何か

ゼミ生が2年間のゼミ生活で得たものは何か。彼らの振り返りをみると、プレゼンがうまくなった、経済学の考え方・知識が得られた、英語がうまくなったという表面的なことだけでなく、どのような部分で自分が人間的に成長できたのかということを語ってくれる人が多かった。

やり抜く力と自己規律

まず、第一は、性格スキルの「真面目さ」に含まれる「やり抜く力」や「自己規律」が鍛えられたという声である。

「ゼミの2年間を回視した際、浮かんできた言葉の1つが『言い訳のきかない克己心』です。克己心とは自制心という意味で、全体としては衝動や欲望を抑えて今自分が何をするべきなのかということに集中して取り組めば、自ずと結果はついてくるという意味です。ゼミは個人プレゼンを主軸としたスタイルで、自分の裁量次第で全てが変わるという、ある意味では楽な一方、本気でやろうと思った場合はとてつもない労力がかかる環境だと考えていました。成長と克己心は組み合わさって軸となり、やっと車輪が回り始めるものであると考えていた私は、プレゼンや予習のクオリティの上限を自分で定めることなく取り組みをしました。」

社会人に必要な力

第二は、ゼミで養われた力は結局、社会人としてやっていくのに必要な力であるという気づきである。これは性格スキルを鍛えるという方針からすれば自然な帰結であるが、それをゼミ生である時にどの程度意識できていたかは個人差があったように思う。

「ゼミの特徴は『自分の成長』をゼミの最大の目標として置いているところです。自分としては、それを『社会人としての（社会人になるための）基礎力』をしっかりと身に着ける事、と捉えています。『社会人としての基礎力』とは①『物事を理解し、わかりやすくまとめ、口頭で・書面で、簡潔に説明すること』、②『考える際の軸をもって、建設的・客観的な議論ができること』、③『やるべきことを、期日までに、しっかりとやりきること』、この3点が挙げられると思います。このゼミでの勉強・活動はいろいろありますが、すべてに共通しているのは『社会人としての基礎力』を必要とし、それを鍛えるものであった、という点だと思います。」

また、あるゼミ生は、就活について以下のように語っている。

「面接に関しては、ゼミでの経験が役に立ったなと実感しました。面接が進んでいくにつれて、質問やツッコミも厳しくなります。そこで、わからないところを明確にすること、わかることはちゃんと根拠を持って語ることが求められます。最終面接に近づくと、面接官はなんで？　なんで？　を１００回くらい繰り返してきます。しっかりとロジックを持って語ることができれば、必ず通ります。面接において大切にしていたのは『根拠のある自信』、『素直さ』、『向上心』です。」

また、別のゼミ生は、就活の経験を以下のように語っている。

「就活における選考を進めていく中で感じたことは、『ゼミで学んだ姿勢は、就活でも確実に活きる』ということです。僕は2社の最終面接で、非常に答えるのが難しい質問をされました。その際に、本当にわからなかったので『申し訳ありません、わかりません。しかし、それでも~と思います』と正直に話しました。その時に『正直でいいですね、君の良さですね』というお言葉を頂きましたし、実際にその2社から内々定を頂くことができました。正直2年前の僕なら、知ったかぶりをして変なことを答えていただろうなと思います。『自分を飾らず、正直に』という姿勢は、この1年半を通じてゼミで学んだ姿勢だったので、この姿勢は就活、さらにその後社会に出ても大切にすべき姿勢なのだと感じました。」

就活は職業生活のある意味、縮図である。そこでは当然、性格スキルがモノを言うということについて身をもって経験したということであろう。

無知、未熟さと向き合う

第三は、自分の無知、未熟さに気付いたという声である。

「自分がゼミで得たことを一言で表わすと『無知の知』です。『わからないこととわかっていることとの境界線をはっきりと認識した上で、知的好奇心を持って取り組む』というゼミで培(つちか)った姿勢を持ってさえいれば、人生のあらゆる壁は乗り越えられるのではないか、とすら感じています。」

「ゼミで学んだことは数え切れない程(ほど)たくさんありますが、その中でも最も重要な一つは、『自分は未熟である』ということだと思いました。間近で他のゼミ生のすごいところを見ることができ、ようやく自分が本当に未熟であるということを実感しました。」

やはり、中途半端な自信やプライドを捨て切ってようやく本当の意味での成長が始まるということを、身をもって示してくれた例である。

ゼミ生同士の刺激と学び

また、上記のように自分の成長を模索していく上で、同じゼミ生同士からの刺激や学びがかなり大きいということも、私自身ゼミを指導することで初めて痛感した点である。

実際、お互いが刺激し合い、勉強へのモチベーションを高める効果はやはり大きい。また、以下のように一緒に学ぶことで、学ぶ内容の量・質が高まるという視点も重要だ。

「この2年間を思い返して、ゼミで得られたものの一番に据えたいものは『人と学びあえる環境って素敵だな』ということです。それが、ゼミのみんなと勉強していく中で、人と議論をすることで得られる学びの多さ、深さがあるのだと気づくことができました。」

さらに、個人の成長をつきつめていく中で、ゼミ全体のパフォーマンスに目を向けることができたゼミ生もいる。

「『自分の成長のためだけ』を考えて、最初の一年間を過ごしました。しかし、二年目は、『自分の成長を考えているだけではだめだ』と思うようになりました。『ゼミ全体の空気感・雰囲気』を大事にしようと思って一年間を過ごしました。」

「3年生の時は、自分のプレゼンをきちんと伝えようということばかりに集中していました。けれども最後の発表の直前になって、何も自分一人で完璧なプレゼンを目指す必要なんてないし、みんなから意見をもらって、ゼミ全体でいいプレゼンをしたいな、というふうに意識が切り替わりました。」

一方、勉強の中身や知識よりも、個性や取り組み方といった人間的な面、これは性格スキルといってもよいであろうが、そこから刺激を受けたり、気づきが生まれる場合も多い。

「自分とは違った価値観を持つ、良い意味で個性的な人々に会えて知識などとは別の視野も広がったのではないかと感じます。」

こうした気づきは、性格スキルのビッグ・ファイブの観点からは「協調性」が養われたと評価できるかもしれない。しかし、ゼミの取り組みを振り返れば、ビッグ・ファイブの「真面目さ」、「開放性」、「協調性」は相互に補完し合いながら伸びているのではという思いも強くなった。もちろん、ゼミ生同士の刺激・学びだけでなく、指導教員である私とのやり取りが転機になった例はある。

「4年になってすぐの先生との面談で、わたしの取り組みの姿勢について突かれました。先生から『周囲との比較じゃないよ、自分自身の成長を大切にした方がいい』と指摘されました。このゼミの真骨頂(しんこっちょう)を、忘れているよと言われた気がしました。」

こうしたゼミ生への働きかけはやはりタイミングが重要だということも、ゼミを通じて学んだことの一つである。年がら年中、「ああだ、こうだ」と指摘されれば、ゼミ生にとっては指導教員は口うるさい親と同じでうんざりしてしまうだろう。本人の中でも気づきが熟してくる過程が前段階として必要で、最後の一押しという役割が大切だ。

「素顔」の自分に向き合う

以上のような声だけ紹介すると、うまくいったことばかり書いているのではないかと読者は不審に思われるかもしれない。ゼミの振り返りでゼミ生が語っていることを一言で言い表わせば、「素顔」、「裸」、「等身大」の自分である。最後のゼミであれば、予定調和的に終わりたい、話を盛ってカッコつけたいという思いは誰でもあるはずだ。しかし、彼らの話を聞くとまったくそういうところがない。自分ができたこと、できなかったことが非常に客観的に評価されているようにみえた。ゼミの考え方が幸いながら浸透していると感じた時でもあった。

特に、やり抜く力など「真面目さ」という性格スキルの取得が重要であることはゼミ生は肌身で感じていただけに、もっと身に着けるべきだったとの反省もみられた。

「達成感はある程度あります。しかし自分の弱点である、『やりきる』ことができない点は結局ゼミでは克服出来ませんでした。」

さらに、自分の成長を超えたゼミ全体への配慮への反省の言葉もあった。

「2年間のゼミを終えた今、当時の目標を達成できたかというと、残念ながら反省のほうが多い気がします。具体的には、運営や後輩との関わりなどでゼミに貢献する姿勢が欠けていたことです。」

自分の足りないところと嫌なところを改善したい、克服したいと思ってゼミに入ってきたが、道半ばということを正直に語ってくれたゼミ生もいた。

「2年を通して唯一心残りなのはいいプレゼンが結局できなかったことです。4年になってだいぶましにはなりましたが、完治するにはやっぱり生まれ変わるしかないと痛感しました。」

しかしながら、指導教員の目からみればはっきり変わったなと思えるだけに、自分に対する厳しい目を養えたという意味で、彼らの真の成長を実感することができたと思う。

お互いを認め合うことによる仲の良さ

ゼミ生に起こった変化として最後に述べたいのは、ゼミ生の仲がとても良くみえることだ。これはゼミを始めてみた当初は思ってもみなかったことだ。プレゼン主体のゼミというと個人主義的な考えの人が多いというのは否定できないかもしれない。しかし、ゼミのモットーとして、「オンとオフのモードの切り替え」を大切にしている。ゼミ活動でも飲み会やレクリエーションなどのオフの時は徹底的に楽しむことにしている。それがゼミ全体の「明るさ」、性格スキルのビッグ・ファイブで言えば、「外向性」にもつながっていそうだ。

また、前述のようにゼミをやっていく中で変わっていくというプロセスがあったように思われる。「成長」という共通の目標・価値観だけでなく、お互いの個性、自分にはない長所を認めあっているからではないだろうか。飾らない素顔の自分をみせるということも、親密感を増すことにつながっているのかもしれない。

よく、「裸の付き合い」が打ち解けるきっかけになるといわれるが、むしろ、ここでは「心」を裸にした付き合いと呼べると思う。厳しい環境の中でもみんなで一緒に温泉に入っているような居心地の良さを感じているのかもしれない。仲が良い、楽しいというのは本当にそうなのか確認しようがないといえばそれまでだが、写真は嘘はつかないと思う。このゼミを志望してくれる学生には、「ゼミのホームページの各種活動の写真をぜひ見て、その目で確かめてください」と言っている。

でもそうした環境は、実は簡単に得られるものではない貴重なものと認識していたゼミ生もいた。

「ゼミには学ぶためのいい環境が備わっていたのは間違いのないことですが、いい環境だったから頑張れたのではなく、今後どんな環境でも頑張れる人間でいられるようにというのが人生における試練なのかなとも思っています。」

第6節　再び教育とは

筆者自身に起こった変化

成長をキーワードにする、そのためにはちっぽけなプライドを粉砕する、人の意見を聞き、自分と向き合える素直な心が必要であるという考えはもちろん自分の人生経験に基づいている。霞が関や国際機関で勤務していた20代、30代の時期はとてもできないと思うような仕事を任されて、それでも、もがき、苦しみながらやり抜いた時に一番成長していたという実感があった。

また、職場も中央官庁、国際機関、公的（またはその色彩が強い）研究機関、そして現在の大学と変わっていったが、その度ごとにプライドを一旦粉々に壊して精神的にゼロから出発する大切さを学んだ。だからこそ、若い時にそういう経験を積むことが大切と強く感じていた。

そうした自分の若い時の経験は、ゼミ生のような若者には重要なメッセージとなると考えていたが、通常の企業勤めであれば定年（60歳）もあと数年であるわが身の問題として捉えるという発想はまったくなかった。

しかし、ゼミを始めて最初に入ってきた1期生が卒業する時に、それぞれの中身は異なるけれど、自分の設定した課題に向かって成長を遂げたこと、中には、「ここまで言ってもわからないのか」とさじを投げそうになったゼミ生も最後の最後で成長したのをみて、正直、「あー、成長っていいな」、「うらやましいなあ」という気持ちが自然に出てきた。そして、「自分も皆と同じように成長したい……」という気持ちが思いがけず心の底から湧(わ)いてきたのだ。

成長したいのであればどうしたら良いのか。それは、当たり前であるが、ゼミ生に常々言っていたことを自分自身へ問いかけていくことであった。そこで見えてきたのは粉砕したはずの「ちっぽけなプライド」が年月とともに知らない間に蓄積し、「岩盤(がんばん)」になっていたことだ。一番取り組まなければならないことから逃げて、素直に裸の自分に向き合うことを恐れていたのではないか。恥ずかしながら、自分が言っていたことに対して一番耳を傾(かたむ)けなければいけなかったのは、他の誰であろう自分であったことに気がついたのだ。教えるゼミ生から逆に教わったといえるかもしれない。それに気づいてから自分の仕事への取り組みにも変化が表われたように思う。

成長は若者の特権のように思われ、自分もそう考えていたが、どんな年代になっても成長は楽しいはずだし、可能なはずだ。これは性格スキルが成人してからもずっと伸ばすことができることとも関係していそうだ。

自分の尊敬する経済学者の一人で、プリンストン大学教授を長く務めた、アヴィニッシュ・ディキシット氏は自分の仕事のやり方を答えて、「あたかも自分の年齢がずっと23歳のままであるかのようにいつも仕事をすること」と答えている。無名で実績もなく、未知の世界への希望と不安を抱えながらも、無限の成長可能性を信じて、意欲に満ちているのがこの年齢だ。自分もそうありたいと心掛けてきたつもりだが、OB・OGも含めゼミ生とどちらがより成長できるか競い合いながら、どこまでも成長できればと思っている。

自ら実践的に学んだこと――もう一人の「学生」と向き合う

　大学でのゼミの活動を中心に、性格スキルの向上を目指す教育のあり方を考えてきた。そこでおぼろげにわかってきたのは、教えることは一方的なことではなくて自分がかえって教えられることだし、学ぶことが伴ってこそ充実したものになるということだ。具体的には、以下、３つの点を指摘したい。

　第一は、教えている内容や教えているプロセスそのものが自分が面白いと思い、楽しいと感じなければ、やはり、学生が面白い、楽しいと感じることもなかろう。教育に携わるようになってこれまでの自分の仕事と異なる点だと思ったのは、繰り返せば繰り返すほどレベルが高くなる、習熟するというものでは必ずしもないということだ。

　例えば、大学の授業は、新規の科目は最初の準備が非常に大きな負担になる。しかし、一旦、講義資料を作ってしまえば、次年度以降はそのまま使用できるため一気に楽になる。しかし、学生の反応はむしろ慣れていない初年度の方が良く、教員が慣れれば慣れるほど、むしろ悪くなるように感じた。

これは、初年度は教員自身初めての授業で自分自身も新鮮で面白いと感じながら授業をやっているため、それが学生に伝わるからではないか。一方、慣れてくれば繰返しになり自分自身も新鮮味や面白味を感じないため、学生にもそれが伝わってしまうのではないか。高校時代の社会の先生の中にはボロボロになったノートを授業中か細い声でただ読み上げる教師がいた。当然、授業を聞いている生徒はなく、内職のし放題であったが、結局、本人も教えることを楽しんでいなかったと思う。

第二は、教えるということは、自分自身も学ぶということである。内容面、精神面でも教えることを通じて自分も成長するということであろう。

例えば、自分の著書、専門分野だけ教えていれば、自分は全部わかっているため、楽ではあるが、教える側にとっての学びは少ない。もちろん、教える以上、自分の理解が不十分、不完全なものを教えることは問題であるが、大学のゼミで時事問題を扱っているというのも、自分自身も学生と一緒に学びたいという気持ちの表われであるし、それがあるからこそ、教えることが面白いと感じることができるのだ。

第三は、手を抜かないということである。先にも述べたように、教育には「正解」

はないと思う。もちろん、科学的、実験的な手法でどのような教え方が効果があるかを明らかにし、そうしたメソッドを普及させていくことは大切だ。

しかし、そこで大変貴重な知見が得られたとしても、それがあらゆる状況で有効である保証はない。そうであれば、本当の「正解」はないのかもしれないが、できることはよりよい教育を目指して試行錯誤を続けるしかないのではないか。そして粘り強く試行錯誤を続けるにはやはり全力でぶつかる、手を抜かないという気持ちが必要だということを学んだ気がする。

前述したように、本書で自分の教育の取り組みを紹介しているのは、これが素晴らしい、見習うべきだということが言いたいわけではない。教員やゼミ生がたとえ、いいゼミだと思っていたとしてもそれは単なる思い込みで幻想であるかもしれない。

そもそも、ゼミの選考では、このゼミに入ってよかったと思えるような人を採用している。したがって、ゼミが素晴らしいと思えるのは、ゼミの効果というよりも最初からゼミ生に備わっていた資質といえるかもしれない。経済学の言葉でいえば、「セレクション・バイアス」があるということだ。

しかも、プレゼン主体のゼミであるためどうしても人数が限定されてしまう。志望していても断腸の思いで不合格にしなければいけない学生が毎年いる。学生数が多い私大文系のゼミではなるべく多くの学生を受け入れるべきではないかという考え方からすれば、ご批判もあるだろう。

また、そうやって入ってきたゼミ生の中でも、内面はともかく勉強面では目に見える成長が残念ながら実感できなかった人、ゼミの方針ややり方に疑問を感じ退会した人もいる。うまくいったケースばかりではないのだ。

さらに、認知スキル、性格スキル双方を徹底的に伸ばすために少しでも多くのプレゼンの機会を作ることを念頭に置いたゼミなので、三田祭での展示、合宿、懇親会以外にほとんどイベントらしきものがない。

例えば、他のゼミでは、外部講師を呼んできたり、他大学を含めて他のゼミと交流したり、論文コンテストに参加したり、各種見学を行ったりすることも多いようだ。

こうした経験が学生時代のかけがえのない思い出になることは否定しない。実際、ゼミ生の中には、過去、こうした楽しい学習イベントがなく、物足りなく感じる人がいたことも事実だ。

ゼミとしてすべてを満たすことは到底無理だし、当然、欠点もあるであろう。ただ、教える側からすれば、よりよいものを目指して試行錯誤する、手を抜かない、楽をしようとしない、本気でぶつかるということで、自分の教育はたとえ正解ではなかったとしても許してもらえればという気持ちだ。自分も指導を受けた先生を振り返ってみると、教えられた内容よりも教えることの熱意というものが自分を変化させ、成長するきっかけを与えてくれたように思う。

結局、自分自身が学び、面白いと感じるということは、教師というのは二重人格の存在ということなのかもしれない。もう一人、学生の立場である自分がいる。もう一人の自分が面白い、学んでいると実感が持てる、やる気が起こるかということを考えながら教えているということだ。ゼミの活動をやっているとたまに、今の自分は教師なのかそれとも分身の学生なのか境界があいまいになることもないわけではないが、学生にも大目に見てもらえればと思う。

そろそろ、性格スキルを探索する旅も終わりに近づいた。第5章で述べたことは筆者のゼミの具体的な取り組みであった。しかし、そこでのキーワードである、成長は性格スキルを伸ばしていく上での普遍的な「魔法の言葉」かもしれない。成長を望まない人はいない。自分の「殼（から）」を打ち破る爽快感。ちっぽけに見える「昨日の自分」。「成長っていいな」と思える瞬間こそ人生の貴重な時のような気がする。

私たちは少々知識が多くなったり、頭が良くなったからといって、自分が成長したとは思わない。人生に対する取り組み方、人とのかかわり方、そして、自分との向き合い方。そこが大きく変わってこそ成長を感じるのではないだろうか。だから、成長＝性格スキルを伸ばすこと、であるのだ。最後に、「はじめに」に語った言葉をもう一度繰り返してみたい。

「性格スキルは変えることができる。それも大人になってからも、そして年をとってからも」。

〈第5章・注〉

＊67　ゼミで取り組んでいる具体的な内容は鶴光太郎研究会のホームページ、http://keioshotsuru.wixsite.com/tsuruzemi　参照。

おわりに

本書を振り返ってみると、第1章から4章までは、これまでのエビデンスや研究に基づく客観的な記述をできるだけ心がけて、現在、性格スキルに関わることがどの程度まで明らかになっているかを示してきたつもりだ。

一方、筆者自身の大学教育の取り組みを述べた実践編（第5章）はまったく主観的な立場から書いたものだ。第4章までをみても、個人の人生の経験を語ったコラムは当然のことながら主観的な色彩が濃い。第1〜4章の本文と第5章及びコラム、両者のあまりのギャップの大きさに戸惑われた読者も多いのではないかと思う。

性格スキルという言葉は、初めて聞いた人にとっては得体(えたい)のしれないものである。

それだけに、それが人生にどのように影響を与えるのか、また、スキルとして大人になっても伸ばせることを説得的に語る必要がある。そのため、これまで蓄積されてきたエビデンスを読者にわかりやすく説明することが必須であり、それが本書の最も重要な狙いであるといっても過言ではない。

その一方で、本書が扱っているテーマは広く捉えれば、人生そのものである。単に学術的な成果の紹介だけでよしとはならないであろうと考えた。個々の人生をエピソードとして選べば、そこには恣意性が必ず入る。自分の人生を語るのであれば尚更だ。筆者自身もどちらかといえば自分を語るのは苦手な方だ。

しかし、いろいろご批判があったとしてもそれを乗り越え、具体的な人生を語らない限りは性格スキルの本質を読者に理解していただくのは難しいと考えた。本書のアプローチがうまくいったかどうかは読者の方々の評価に委ねたいと思う。

本書でも紹介している日本経済新聞の「私の履歴書」をいろいろ読んできて、一つ気づいたことがある。それは、その道を究めた人ほど意外なエピソードを語っていることだ。それはどちらかというと「かっこわるいこと」で、ここまで功成り名を遂げた人が今さらこんなことまで語らなくてもいいのにという場面にしばしば出くわした。

特に、印象に残っているのが、王貞治氏の「私の履歴書」[68]（2015年1月1日～31日）だ。前人未踏の記録、輝かしいパフォーマンスについての記述は、びっくりするくらいあっさり通り過ぎる。むしろ、新人として巨人軍に入団後、長嶋茂雄氏と同室となったが整理整頓ができない、いびきがうるさいということですぐ大部屋に移されたことに始まり、どちらかといえば自身の不器用さやうまくいかないことを多く語っていたように思う。

もちろん、これには謙虚なお人柄が反映されているのであろう。野球選手でさえ「世界の王」として畏敬(いけい)する存在である。できるだけ読者に親しみを持ってもらうためにわざと「かっこわるいこと」を語っているのであろうかと思う向きもあるかもしれない。

しかし、多分そうではなかろう。選手や監督として頂点を極めるまで、王氏ですら多くの「かっこわるいこと」を経験してきている。だからこそ、栄光を語るのであればそこにいたるプロセスも、逐一(ちくいち)語らなければならないという心境ではないだろうか。

筆者のゼミの学生で、ご意見番的な存在で誰からも認められていた人がいた。彼が最後のゼミの振り返りで、みんなの前で意外なことを告白する。「僕は大学に入る時、補欠入学でした」。

こんなことを今さらなぜ言うのだろうか……と困惑したのを覚えている。君が優秀で頑張ったことは皆わかっているのに。ただ、すぐ合点がいった。ああ、そうか、そこから始まったのか。このゼミに来ることも。そしてここで頑張ることも。自分が成し遂げたことを語るためにはどうしても言わなければならないことだったのであろう。

人生とは何か。それは、たぶん、

人生=「かっこわるいこと」×「かっこわるいこと」×……×「かっこわるいこと」×……

のように「かっこわるいこと」の無限の連鎖なのかもしれない。その連鎖の中に、たまに、「かっこいいこと」が訪れる。でも、それは単なる結果であり、一瞬でしかない。もちろん、「終着駅」でもない。また、「かっこわるいこと」の連鎖が始まる。それを受け入れ、楽しむことこそ「真面目さ」であり、「やり抜く力」なのだと思う。

本書は、拙著『人材覚醒経済』（日本経済新聞出版社、２０１６年）の第７章をベースにしながら大幅に加筆、修正を加えてまとめたものである。

本書の第３章で引用し、筆者も関わった実証分析（戸田・鶴・久米〔２０１４〕）は独立行政法人経済産業研究所（ＲＩＥＴＩ）で行った研究成果の一部である。ご支援いただいたＲＩＥＴＩの関係者、共著者である久米功一氏（東洋大学）、戸田淳仁氏（リクルートワークス研究所）にお礼を申し上げたい。

また、第５章では、筆者のゼミ（鶴 光太郎研究会）を卒業した１〜３期生のゼミでの振り返り等から、生の声を引用させていただいた。彼らの成長や気づきから自分も多くのことを学んだし、この歳になって自分も成長することができたのも彼らのおかげだ。ありがとう！

本書の草稿については、清水真人氏（日本経済新聞社）、ゼミ生を代表して勝又大喜さんに通読の労をとっていただき大変貴重なコメントを得た。もちろん、ありうる誤りなどは筆者に帰すべきであることはいうまでもない。
最後に、本書の編集に当たっては、祥伝社の磯本美穂氏にお世話になった。遅々として進まない執筆に対し辛抱強く待っていただいただけでなく、同じ目線で伴走していただきながら、温かい言葉、励ましをいただいたことが大きな力になった。特に、自分や自分のゼミを語ることについてその必要性は感じつつも逡巡(しゅんじゅん)していた時、強く背中を押していただいた。心から感謝申し上げたい。

２０１８年１月　三田にて

鶴(つる)　光太郎(こうたろう)

＊68　王貞治（２０１５）『もっと遠くへ　私の履歴書』日本経済新聞出版社

参考文献

〈和文〉

戸田淳仁・鶴　光太郎・久米功一（２０１４）「幼少期の家庭環境、非認知能力が学歴、雇用形態、賃金に与える影響」*RIETI Discussion Paper Series* 14-J-019

鶴　光太郎（２００６）『日本の経済システム改革—「失われた15年」を越えて』日本経済新聞社

鶴　光太郎（２０１６）『人材覚醒経済』日本経済新聞出版社

西村和雄・平田純一・八木匡・浦坂純子（２０１４）「基本的モラルと社会的成功」*RIETI Discussion Paper Series* 14-J-011

アンジェラ・ダックワース（２０１６）『やり抜く力　ＧＲＩＴ——人生のあらゆる成功を決める「究極の能力」を身につける』ダイヤモンド社

〈英文〉

Almlund, M., A. Duckworth, J. Heckman, and T. Kautz (2011) “Personality Psychology and Economics”, in E. Hanushek, S. Machin, and L. Wößmann (eds.), *Handbook of the Economics of Education*, Volume 4, pp. 1-181. Amsterdam: Elsevier.

Barrick, M. and M. Mount (1991) “The Big Five Personality Dimensions and Job Performance: A Meta-analysis”, *Personnel Psychology* 44(1), pp.1-26.

Barron J., T. Bradley, and G. Waddell, (2000) “The Effects of High School Athletic Participation on Education and Labor Market Outcomes”, *Review of Economics and Statistics* 82(3). pp. 409-421.

Barton, P. (2006) *High School Reform and Work: Facing Labor Market Realities*, Princeton, NJ: Educational Testing Service.

Cabane , C. and A. Clark (2015) “Childhood Sporting Activities and Adult Labour-Market Outcomes”, *Annals of Economics and Statistics* 119-120, pp. 123-148

Carneiro, P., C. Crawford and A. Goodman (2007) “The Impact of Early Cognitive and Non-cognitive Skills on Later Outcome”, *CEE Discussion Paper* No.92.

Cattan,S. (2011) “Heterogeneity and Selection in the Labor Market”, PhD Thesis, Economics Department, University of Chicago.

Cobb-Clark, D. and M. Tan (2010) ”Noncognitive Skills, Occupational Attainment, and Relative Wages”, *Labour Economics* 18, pp.1-13

Cunha, F. and J. Heckman (2008) “Formulating, Identifying and Estimating the Technology of Cognitive and Noncognitive Skill Formation”, *Journal of Human Resources* 43(4), pp. 738-782

Duckworth, A. and M. Seligman (2006) “Self-Discipline Gives Girls the Edge: Gender in Self-Discipline, Grades, and Achievement Scores”, *Journal of Educational Psychology* 98(1), pp. 198–208.

Ewig, B. (1995) “High School Athletics and the Wages of Black Males”, *Review of Black Political Economy* 24, pp.65-78

Ewig, B. (1998) “Athletes and Work”, *Economics Letter* 59, pp. 113-117

Ewig, B. (2007) “The Labor Market Effects of High School Athletic Participation: Evidence from Wages and Fringe Benefit Differential”, *Journal of Sport Economics* 8 (3), pp.255-265

Felfe, C. and M. Lechner (2011) ”Sports and Child Development”, *CESinfo Discussion Paper* No. 3629

Fersterer, J., J. Pischke, and R. Winter-Ebmer (2008) “Returns to Apprenticeship Training in Austria: Evidence from Failed Firms”, *Scandinavian Journal of Economics* 110(4), pp. 733-753.

Gallo, W., J. Endrass, E. Bradley, D. Hell, and S. Kasl (2003) "The Influence of Internal Control on the Employment Status of German Workers", *Schmollers Jahrbuch* 123 (1), pp.71–81.

Hampson, S., L. Goldberg, T. Vogt, and J. Dubanoski (2007) "Mechanisms by Which Childhood Personality Traits Influence Adult Health Status: Educational Attainment and Healthy Behaviors", *Health Psychology* 26 (1), pp. 121–125.

Hampson, S., E. Tildesley, J. Andrews, K. Luyckx, and D. Mroczek (2010) "The Relation of Change in Hostility and Sociability During Childhood to Substance Use in Mid Adolescence", *Journal of Research in Personality* 44 (1), pp. 103–114.

Heckman, J. (2006) "Skill Formation and the Economics of Investing in Disadvantaged Children," *Science*, 312 (5782), pp. 1900-1902

Heckman, J. and T. Kautz (2013), "Fostering and Measuring Skills: Interventions That Improve Character and Cognition", *NBER Working Paper* No. 19656

Heckman, J. and Y. Rubinstein (2001) "The Importance of Noncognitive Skills: Lessons from the GED Testing Program", *American Economic Review* 91 (2), pp. 145-149

Heckman, J., E. Humphries, and N. Mader (2011) "The GED", in E. Hanushek, S. Machin, and L. Wößmann (ed.) *Handbook of the Economics of Education*, Esevier, Amsterdam, pp.423–484.

Heckman, J., J. Stixrud, and S. Urzua (2006) "The Effects of Cognitive and Noncognitive Abilities on Labor Market Outcomes and Social Behavior", *Journal of Labor Economics* 24 (3), pp. 411-482.

Hillage, J., J. Regan, J. Dickson, and K. McLoughlin (2002) "Employers Skill Survey: 2002", *Research Report* RR372, Department for Education and Skills.

Hollenbeck, K. (2008) "State Use of Workforce System Net Impact Estimates and Rates of Return", Technical report, Upjohn Institute. Presented at the Association for Public Policy Analysis and

Management (APPAM) Conference, Los Angeles, CA.

Holzer, H. (1997) "Is There a Gap Between Employer Skill Needs and the Skills of the Workforce?", in A. Lesgold, M. Feuer, and A. Black (eds.), *Transitions in Work and Learning: Implications for Assessment*, Chapter 2, pp. 6-33. Washington, DC: National Academy Press.

Horn, J. (1970) "Organization of Data on Life-Span Development of Human Abilities", in L. Goulet, and P. Baltes, (ed.) *Life-Span Developmental Psychology: Research and Theory*, Academic Press, New York, pp.423-466.

John, O., A. Caspi, R. Robins, and T. Mott (1994) "The "Little five": Exploring the Nomological Network of the Five-Factor Model of Personality in Adolescent Boys", *Child Development* 65 (1), pp.160-178.

Kosteas, V. (2012) "The Effect of Exercise on Earning: Evidence from the NLSY", *Journal of Labor Research* 33, pp. 225-250

Kuhn, P. and C. Weinberger (2005) "Leadership Skills and Wages", *Journal of Labor Economics* 23, pp. 395-436

Lee, S. and F. Ohtake (2014) "The Effects of Personality Traits and Behavioral Characteristics on Schooling, Earnings, and Career Promotion", *RIETI Discussion Paper Series* 14-E-023

Lee, S. and F. Ohtake (2016) "Is Being Agreeable a Key to Success or Failure in the Labor Market?", *Discussion Paper* No: 960, The Institute of Social and Economic Research, Osaka University.

Lindqvist, E. and R. Vestman. (2011) "The Labor Market Returns to Cognitive and Noncognitive Ability: Evidence from the Swedish Enlistment", *American Economic Journal: Applied Economics* 3 (1), pp. 101-128

Lipscomb, S. (2007) "Secondary School Extracurricular Involvement and Academic Achievement: A Fixed Effects Approach", *Economics of Education Review* 26, pp.463-472

Lleras, C. (2008) "Do Skills and Behaviors in High School Matter? The Contribution of Noncognitive Factors in Explaining Differences in Educational Attainment and Earnings", *Social Science Research*, 37, pp. 888-902

Long, J. and S. Caudill (1991) "The Impact of Participation in Intercollegiate Athletics on Income and Graduation", *Review of Economics and Statistics* 73(3), pp. 525-531

McGee, A. (2010) "How the Perception of Control Influences Unemployed Job Search", unpublished manuscript. Department of Economics, Ohio State University.

Mueller, G. and E. Plug (2006) "Estimating the Effect of Personality on Male and Female Earnings", *Industrial Labor Relation Review* 60(1), pp.3–22.

Pfeifer, C and T. Conelissen (2010) "The Impact of Participation in Sports on Educational Attainment: New Evidence from Germany", *Economics of Education Review* 29, pp. 94-103

Poropat, A. (2009) "A Meta-Analysis of the Five-Factor Model of Personality and Academic Performance", *Psychological Bulletin* 135(2), pp.322–338.

Reed, D., R. Yung-Hsu Liu, A. Kleinman, D. Mastri, S. Reed, and J. Ziegler (2012) "An Effectiveness Assessment and Cost-Benefit Analysis of Registered Apprenticeship in 10 states", Mathematica Final Report 06689.090 and 40096, Mathematica Policy Research.

Rees, D. and J. Sabia (2010) "Sports Participation and Academic Performance: Evidence from the National Longitudinal Study of Adolescent Health", *Economics of Education Review* 29, pp. 751-759

Roberts, B., N. Kuncel, R. Shiner, A. Caspi, and L. Goldberg (2007) "The Power of Personality: The Comparative Validity of Personality Traits, Socioeconomic Status, and Cognitive Ability for Predicting Important Life Outcomes", *Perspectives in Psychological Science* 2(4), pp. 313-345.

Roberts, B., K. Walton, and W. Viechtbauer (2006) "Patterns of Mean-Level Change in Personality

Traits across the Life Course: A Meta-Analysis of Longitudinal Studies", *Psychological Bulletin* 132 (1), pp.1–25.

Rouse, K. (2012) "The Impact of High School Leadership on Subsequent Educational Attainment", *Social Science Quarterly* 93 (1), pp. 110-129

Schmidt, F. and J. Hunter (2004) "General Mental Ability in the World of Work: Occupational Attainment and Job Performance", *Journal of Personality and Social Psychology* 86 (1), pp.162-173.

Segal, C. (2013) "Misbehavior, Education, and Labor Market Outcomes," *Journal of European Economic Association* 11 (4), pp. 743-79.

Sianesi, B. (2008) "Differential Effects of Active Labour Market Programs for the Unemployed" *Labour Economics* 15, pp. 370–399

Stevenson, B. (2010) "Beyond the Classroom: Using Title IX to Measure Return to High School Sports", *Review of Economics and Statistics* 92 (2), pp. 284-301

Washington Workforce Training Board (2008) "Washington State Employers Workforce Needs and Practices Survey", Statewide Report.

Westwood, A. (2004) "Skills That Matter and Shortages That Don't", in C. Warchust, I. Grugulis, and E. Keep (eds.), *The Skills that Matter*, New York, NY: Palgrave-Macmillan.

Willingham, W., J. Pollack, and C. Lewis (2002) "Grades and Test Scores: Accounting for Observed Differences", *Journal of Educational Measurement* 39 (1), pp.1–37.

切りとり線

★読者のみなさまにお願い

この本をお読みになって、どんな感想をお持ちでしょうか。祥伝社のホームページから書評をお送りいただけたら、ありがたく存じます。今後の企画の参考にさせていただきます。また、次ページの原稿用紙を切り取り、左記まで郵送していただいても結構です。

お寄せいただいた書評は、ご了解のうえ新聞・雑誌などを通じて紹介させていただくこともあります。採用の場合は、特製図書カードを差しあげます。

なお、ご記入いただいたお名前、ご住所、ご連絡先等は、書評紹介の事前了解、謝礼のお届け以外の目的で利用することはありません。また、それらの情報を6カ月を越えて保管することもありません。

〒101-8701（お手紙は郵便番号だけで届きます）
祥伝社新書編集部
電話03（3265）2310
祥伝社ホームページ　http://www.shodensha.co.jp/bookreview/

★本書の購買動機（新聞名か雑誌名、あるいは○をつけてください）

＿＿＿＿新聞の広告を見て	＿＿＿＿誌の広告を見て	＿＿＿＿新聞の書評を見て	＿＿＿＿誌の書評を見て	書店で見かけて	知人のすすめで

★100字書評……性格スキル――人生を決める5つの能力

名前

住所

年齢

職業

鶴 光太郎　つる・こうたろう

慶應義塾大学大学院商学研究科教授。
1960年東京生まれ。84年東京大学理学部数学科卒業。オックスフォード大学 D.Phil.（経済学博士）。経済企画庁調査局内国調査第一課課長補佐、OECD 経済局エコノミスト、日本銀行金融研究所研究員、経済産業研究所上席研究員を経て、2012年より現職。経済産業研究所プログラムディレクターを兼務。内閣府規制改革会議委員（雇用ワーキンググループ座長）（2013～16年）などを歴任。主な著書に『人材覚醒経済』（日本経済新聞出版社、第60回日経・経済図書文化賞、第40回労働関係図書優秀賞、平成29年度慶應義塾大学義塾賞受賞）、『日本の経済システム改革―「失われた15年」を超えて』（日本経済新聞社）などがある。

性格（せいかく）**スキル**
――人生（じんせい）**を決**（き）**める５つの能力**（のうりょく）

鶴（つる） **光太郎**（こうたろう）

2018年２月10日　初版第１刷発行

発行者……………辻 浩明
発行所……………祥伝社しょうでんしゃ
〒101-8701　東京都千代田区神田神保町3-3
電話　03(3265)2081(販売部)
電話　03(3265)2310(編集部)
電話　03(3265)3622(業務部)
ホームページ　http://www.shodensha.co.jp/

装丁者……………盛川和洋
印刷所……………萩原印刷
製本所……………ナショナル製本

Printed in Japan　ISBN978-4-396-11530-2　C0295

〈祥伝社新書〉
話題のベストセラー！

412
逆転のメソッド
箱根駅伝も
ビジネスも一緒です
箱根駅伝連覇！　ビジネスでの営業手法を応用したその指導法を紹介
青山学院大陸上競技部監督
原　晋

491
勝ち続ける理由
一度勝つだけでなく、勝ち続ける強い組織を作るには？
原　晋

420
知性とは何か
日本を襲う「反知性主義」に対抗する知性を身につけよ。その実践的技法を解説
作家・元外務省主任分析官
佐藤　優

500
なぜ、残業はなくならないのか
残業に支えられている日本の労働社会を斬る！
働き方評論家
常見陽平

495
なぜ、東大生の3人に1人が公文式なのか？
世界で最も有名な学習教室の強さの秘密と意外な弱点とは？
育児・教育ジャーナリスト
おおたとしまさ